Hanna Walsdorf

Die Ballets Russes auf biblischen Pfaden

Von der Josephslegende zum Verlorenen Sohn

Walsdorf, Hanna:
Die Ballets Russes auf biblischen Pfaden. Von der Josephslegende zum
Verlorenen Sohn
Herstellung und Verlag: Books on Demand GmbH, Norderstedt 2007
ISBN-13: 978-3837000092
Covergestaltung: Panagiotis Alexander Apostolatos
(Foto: Hanna Walsdorf)

Die Ballets Russes auf biblischen Pfaden

Mit herzlichem Dank an

Prof. Dr. Erik Fischer und PD Dr. Bettina Schlüter
(Musikwissenschaft / Sound Studies RFWU Bonn)
Angela Bürger
(Deutsches Tanzarchiv Köln)
Dr. Gunhild Oberzaucher-Schüller
(Derra de Moroda Dance Archives, PLU Salzburg)
Verena Düren, Martina Möseneder, Mechthild Walsdorf
und Rafaela Weinz.

Inhaltsverzeichnis

Einleitung: Die Bibelrezeption im (Kunst-) Tanz vom Mittelalter bis heute 7

1 Zur Situation des Balletts zu Beginn des 20. Jahrhunderts. 11

1.1 Die Wiederentdeckung der Pantomime für das Ballett........... 11

1.2 Kultureller Wandel und Tanz-Avantgarde am Fin de siècle... 15

1.3 Ein Russe in Paris:
Serge Diaghilews Ballets Russes 1909-1914.................................20

Exkurs: La tragédie de Salomé (1913) 25

**2 Die Ballets Russes und das Alte Testament:
Josephslegende (1914)**...29

2.1 Von Paolo Veroneses Nozze di Cana zur Bühnen- und
Kostümgestaltung..29

2.2 Theologischer Kommentar zu Genesis 39,1-20...................... 35

2.3 Das Libretto des Autorenduos Hofmannsthal und
Graf Kessler 40

2.4 Richard Strauss' Ballettmusik (op. 63)................................... 45

2.5 Zwischen Statik und Ornament: Michel Fokines
Choreographie 53

2.6 Pressestimmen 61

2.7 Die Produktionen der Kompanie 1915-1929......................... 65

3 Die Ballets Russes und das Neue Testament:
Der Verlorene Sohn (1929) 69

    3.1 Theologischer Kommentar zu Lukas 15,11-32.................69

    3.2 Boris Kochnos Libretto...74

    3.3 Dekor und Kostüme...79

    3.4 Serge Prokofjews Ballettmusik (op. 46)........................82

    3.5 Der neoklassische Ansatz George Balanchines 87

    3.6 Pressestimmen..93

4 Konklusion 97

Anhang: Notenbeispiele...103

Literaturverzeichnis...108

Einleitung: Die Bibelrezeption im (Kunst-) Tanz vom Mittelalter bis heute --

> „Die Bibel gleicht einem Acker, der nie abgeerntet werden kann und deshalb nie öde und leer daliegt. Sie gleicht einer Quelle, die beständig fließt und umso reichlicher strömt, je mehr man daraus schöpft."
>
> Ephräm der Syrer (306-373)

Seit ihrer Niederschrift, Übersetzung und Verbreitung in Europa konstituieren die Bücher des jüdischen Tanach respektive des christlichen Alten und Neuen Testaments – die zusammen mit der altgriechischen Mythologie den gemeinsamen Nenner der abendländischen Kultur bilden – einen einzigartigen Leitfaden und eine schier unerschöpfliche Inspirationsquelle für die Künste, sei es für die Musik, für Theater oder Dichtung, Malerei oder Bildhauerei. Der hier fokussierte Kunsttanz gesellte sich mangels einr allgemein verbindlichen Notation und nicht zuletzt auch gehemmt durch das über Jahrhunderte während kirchliche Tanzverbot erst im 15. Jahrhundert und damit vergleichsweise spät auf die Liste der die Bibel rezipierenden Kunstgattungen. Seitdem entstanden jedoch vielfältige choreographische Arbeiten mit biblischen Themen, von den Mysterien- und Passionsspielen des Mittelalters und insbesondere den Labyrinthtänzen (11. bis 13. Jahrhundert), die entgegen der tanzfeindlichen Haltung des Klerus wieder tänzerische Elemente in den Kirchenraum selbst einführten, über die Renaissance bis hin zu klassischem Ballett und Modern Dance.[1]

---

[1] Vgl. Manor, Giora: The Bible as Dance, in: Dance Magazine, Dezember 1978, S. 56 sowie Dahms, Sibylle: Sakraler Tanz, in: Dies. (Hrsg.): Tanz, Kassel 2001, S. 52f. – *Modern Dance* bezeichnet jenen anti-ballettistischen Bühnentanz, der in den 1920er Jahren von Martha Graham, Doris Humphrey, Anna Sokolow u. a. in den USA entwickelt wurde.

So ist aus dem Jahr 1462 die vom provençalischen König René veranstaltete choreographische Lou Gue-Prozession überliefert, die ein *Menuett der Königin von Saba*, die König Salomon besuchen will, ebenso enthielt wie Tänze, die bald den das Kreuz tragenden Jesus, bald den Tanz um das Goldene Kalb, bald das Massaker an den Unschuldigen in Bethlehem darstellten. In Mons fand 1501 ein Mysterienspiel statt, in dem Maria Magdalena sündhaft mit Dämonen tanzte; und auch der Stoff der Salome, die für König Herodes tanzt, war bereits in dieser Zeit ein beliebtes Sujet.[2]

In den Jesuitenschulen Europas und Südamerikas etablierten sich im 17. und 18. Jahrhundert biblische Theaterstücke (in lateinischer Sprache) und am *Ballet de cour* orientierte Ballette als Mittel der Erziehung. Die Bibel wurde häufig als Subjektgeberin für die Aufführungen dieses so genannten *Ballet de Collège* herangezogen: Joseph in Ägypten, Jiftach und seine Tochter, die Segnung Isaaks durch Abraham, Jesus und die Apostel oder die Auferweckung Lazarus' sind nur einige Beispiele hierfür. Mit dem Schwinden des *Ballet de Collège* wurde die griechische Mythologie für fast dreihundert Jahre zum Themenfundus für die weltliche, um nicht zu sagen profane Ballettbühne, und verdrängte die bisher dominierenden biblischen Sujets. Erst das Aufkommen des Modern Dance an der Schwelle zum 20. Jahrhundert brachte eine Rückbesinnung der Choreographen auf die Heilige Schrift als Inspirationsquelle, und seitdem hat annähernd jeder von ihnen sich an biblischen Balletten probiert[3] – die Liste reicht von Martha Graham und José Limón über George Balanchine und John Neumeier bis hin zu Jiří Kylián und Sara Levi-Tanai.[4]

---

[2] Vgl. Manor: The Bible as Dance, S. 56.

[3] Vgl. Rock, Judith: Baroque Ballet, the Bible and the Jesuit Stage, in: Manor, Giora (Hrsg.): The Bible in Dance, in: Choreography and Dance. An International Journal, Bd. 2, Teil 3 (1992), S. 39-48 sowie Manor: The Bible as Dance, S. 56-58.

[4] Vgl. Scheier, Helmut: Old Testament Materials for Ballet and Modern Dance, in: Manor (Hrsg.): The Bible in Dance, S. 19-26.

Um einen Zugang zu den zwei Adaptationen biblischer Stoffe in Serge Diaghilews *Ballets Russes*, die zwischen 1909 und 1929 in Europa frenetisch gefeiert wurden, zu finden, sind zunächst einleitende Bemerkungen über die Kunst der Pantomime hilfreich, und zwar sowohl für die Analyse der explizit als *Ballettpantomime* klassifizierten *Josephslegende* von 1914 als auch für die Betrachtung des *Verlorenen Sohnes* aus dem Jahr 1929 als *Ballett in drei Szenen.* Darüber hinaus ist in einem nächsten Schritt die Untersuchung der kulturellen Krise um 1900 erforderlich, die „abwechselnd als Sprachkrise, als Erkenntnis- und Sinnkrise beschrieben worden ist"[5] und deren Symptom unter anderem auch der Bruch mit der Ästhetik des klassischen Balletts durch den so genannten *freien Tanz*[6] war.

Nach einer tanzhistorischen Einordnung der *Ballets Russes* Serge Diaghilews und einem knappen Exkurs über das 1913 gegebene Stück *La tragédie de Salomé* steht im Zentrum des analytischen Hauptteils dieser Studie jeweils das intermediale Geflecht aus literarischer respektive textlicher Grundlage, aus Musik, Bühnenbildern und Kostümen sowie den choreographischen Konzepten Fokines und Balanchines. Entlang der Fragestellung, inwieweit diese Bausteine aufeinander, insbesondere aber auf den Bibeltext Bezug nehmen, soll in einem abschließenden Vergleich der beiden Adaptionen gezeigt werden, wie nah sie an ihrer biblischen Vorlage geblieben sind und erörtert werden, in welchem Maße die unvermeidliche Diskrepanz zwischen Ausgangstext und interpretierender Übersetzung in Tanztheater auf die jeweilige (Miss-) Erfolgsbilanz eingewirkt hat.

---

[5] Brandstetter, Gabriele: Tanz-Lektüren. Körperbilder und Raumfiguren der Avantgarde, Frankfurt a. M. 1995, S. 18.

[6] *Freier Tanz* ist gemeinhin eine Alternativbezeichnung für Modern Dance, Ausdruckstanz, Neuen künstlerischen Tanz und Zeitgenössischen Tanz, wird hier aber für die AnhängerInnen der Bewegungsreform Loïe Fuller und Isadora Duncan ab 1900 benutzt; unter *Ausdruckstanz* wird dagegen die ballettfeindliche Schule Rudolf von Labans, Mary Wigmans und deren Schülerinnen zwischen 1910 und 1930 verstanden.

Über diese Zusammenhänge geben zunächst die Bibel selbst und die theologischen Kommentare zu den relevanten Passagen, dann die vielfältigen Informationen aus Notenmaterial, ikonographischen Quellen wie Entwurfskizzen und Fotografien (s. Anhang), vor allem aber wortsprachliche Quellen wie Libretti, Briefe und zeitgenössische Presserezensionen Aufschluss. Die umfangreiche Forschungsliteratur zu Diaghilews *Ballets Russes* sowie zu Person und Werk der beteiligten Künstlerinnen und Künstler zeichnet sich durch die Fülle verschiedener Herangehensweisen aus, die der Theatertanz durch seine immanente Vielschichtigkeit ermöglicht: Auf fachspezifischen Methoden basierend werden die Teilaspekte Stoff/Dramaturgie, Musik, tänzerische Gestaltung, Inszenierung/Performanz oder Kunstästhetik beleuchtet und Disziplinen wie der Literatur-, Theater- und Musikwissenschaft oder der Kunstgeschichte zugeordnet[7], während rein tanzwissenschaftliche Studien aufgrund der relativen Jugend dieser Disziplin (noch) deutlich in der Minderzahl sind.

Um diese Mosaiksteine zu einem Ganzen zusammenzufügen, soll hier nun aber nicht die Exemplifizierung einer rein fachspezifischen, musik- oder tanzwissenschaftlichen Interpretationsmethodik unternommen, sondern vielmehr die Interdisziplinarität als Chance genutzt werden, sich den hier besprochenen Balletten als Gesamtkunstwerken anzunähern, um sie aus diesem ganzheitlichen Blickwinkel – der aber selbstverständlich schwerpunktmäßig auf der Musik- und Tanzwissenschaft fußt – auf ihr biblisches Sujet zurückzuführen.

---

[7] Vgl. hierzu Schroedter, Stephanie: Vom „Affect" zur „Action". Quellenstudien zur Poetik der Tanzkunst vom späten Ballet de Cour bis zum frühen Ballet en Action, Würzburg 2004, S. 7-9.

1 Zur Situation des Balletts zu Beginn des 20. Jahrhunderts

1.1 Die Wiederentdeckung der Pantomime für das Ballett

Die „Erscheinungsformen pantomimischen Ausdrucks" waren zu jeder Zeit „von vielfältigen Wechselwirkungen mit anderen Künsten" geprägt und somit einem ständigen Wandel unterworfen, so dass sich eine eindeutige Klärung des Begriffs *Pantomime* zunächst als schwierig erweist:[8]

> Obgleich sich Mimik vor allem auf den Gesichtsausdruck bezieht und mit der Pantomime mimische Bewegungen des ganzen Körpers bezeichnet werden, erweist sich dennoch eine klare Differenzierung zwischen dem Mimen und Pantomimen als problematisch: Bedeutungsabgrenzungen können nur mit Bezug auf bestimmte Praktiken bzw. Epochen vorgenommen werden, zumal im modernen Sprachgebrauch beide Begriffe häufig synonym verwendet werden.[9]

Hierbei ist zu bedenken, dass „die Pantomime zu ihren Blütezeiten – gemessen an ihrer ganzen Geschichte – im Grunde jeweils ein Neuanfang gewesen" ist. Durch die lückenhafte Überlieferung bedingt, entwickelten sich „einzelne bedeutende Darsteller oder Epochen der Pantomime isoliert" voneinander und brachten einen jeweils individuellen, gattungsgeschichtlich oft unabhängigen Stil hervor, denn jede Pantomime lebt vorrangig von der individuellen Ausstrahlung des Künstlers/der Künstlerin.

Eine isolierte Betrachtung der Pantomime ist aufgrund der unscharfen Grenzen zu verwandten Kunstformen wie Tanz, Mi-

---

[8] Vgl. Schroedter, Stephanie: Pantomime, in: Finscher, Ludwig (Hrsg.): Die Musik in Geschichte und Gegenwart, Bd. 7, Kassel 1997, Sp. 1332.

[9] Ebda.

mik, Puppenspiel und Akrobatik unmöglich. Darstellende kultische Tanzformen firmieren zum Beispiel als Quell für Tanz und Pantomime gleichermaßen. Zwar unterschied sich schon der antike Pantomimus vom einfachen Mimus, indem er auf Sprache und eigenes Musizieren verzichtete. Aber gegenüber dem antiken Tänzer waren die Unterscheidungsmerkmale weniger offenkundig, da „letztlich jeder kultische und daraus entstandene theatralische Tanz pantomimische Elemente enthielt".[10]

Leichter fällt es, die heutige Pantomime in Bezug auf die Ausdrucksqualität der Bewegung vom Tanz abzugrenzen. Sie beschränkt sich oftmals ausschließlich auf Einzelteile des Körpers und ist „in ihrem Ablauf gebrochen", während beim Tanz eine Bewegung immer vollständig, d.h. mit Hin- und Rückbewegung, ausgeführt wird: Die „Bewegung des Tanzes ist im Zusammenspiel aller Teile des Körpers harmonisch und in ihrem Ablauf kontinuierlich", da sie das Darzustellende (anders als die naturgemäß undogmatische, formal freie Pantomime) zumeist in vorgegebene Formen aus einem festen Bewegungskanon überträgt. Im antiken, häufig begrifflich unausgereiften Sprachgebrauch dagegen wurde die Bezeichnung „Tanzen" auch auf das pantomimische Schauspiel angewendet, da alle Bewegungen und Gebärden dem Rhythmus der Begleitmusik folgten – der antike Pantomime war also ein Solotänzer und nicht der stumme Schauspieler, den man heute als Pantomimen bezeichnet.[11]

Auch wenn die Kunstform des neuzeitlichen Ballets wohl weit weniger massenwirksam war und ist als der römische Pantomimentanz, erscheint sie doch spätestens seit der Ballettreform des

---

[10]   Vgl. Schroedter: Pantomime, Sp. 1335. Der Pantomime unterschied sich von dem volkstümlichen Mimen in der Nähe der Phylaben und Atellanen dadurch, dass letztere Alltagsgeschehen aufgriffen und anstelle von Handlungszusammenhängen eher überzogene Charaktere darstellten.

[11]   Vgl. Bollmann, Hans: Untersuchungen zur Kunstgattung Pantomime. Dissertation, Hamburg 1968, S. 36. – Die Anmerkung bezieht sich (im gesamten Text dieser Studie jeweils) auf den gesamten Absatz inklusive der wörtlichen Zitate, wenn diese nicht extra gekennzeichnet sind.

18. Jahrhunderts als nahe Verwandte und direktes Abbild dessel-
ben: Das Ballett entwickelte sich „zum eigenständigen Tanzdrama"
mit neuen Darstellungsmitteln und neuen dramaturgischen Para-
metern und folgte damit der tanztheoretischen Forderung des 17.
Jahrhunderts nach einer gattungspoetologischen „Orientierung des
getanzten Dramas am Vorbild der Antike". So gelang in einem be-
merkenswerten tanzpraktischen Experiment im Jahre 1714, eine
Szene aus *Les Horaces* von Corneil „ausschließlich pantomimisch
umzusetzen", was die Zuschauer dieser Aufführung „zu Tränen
gerührt" haben soll, wie Abbé Dubos später berichtete. Dubos war
es auch, der, die Möglichkeiten des antiken pantomimischen Tanzes „als Impulsgeber für das Theater seiner Zeit" diskutierend, als
erster zwischen „*gestes naturels* und *gestes d'institution*, zwischen
natürlichen und künstlichen, auf Konventionen basierenden gestisch-mimischen Zeichen" differenzierte.[12]

Schon bei den Performances der Antike bestand – zumin-
dest für den lesekundigen Teil des Publikums – die Gelegenheit,
sich vor den Aufführungen anhand schriftlicher Inhaltsangaben ein
Grundverständnis der bevorstehenden pantomimischen Darbietun-
gen anzueignen, denn es wurden „*aufgeschriebene* Tragödien, My-
then, Epen und philosophische Schriften durch den Theaterbesu-
chern geläufige Gebärden sowie durch einen festgelegten Gesten-
kanon, Handbewegungen, zur Darstellung gebracht". In historischen Schriften ist zudem „eine kodifizierte Sprache der Hände
und Füße" erwähnt, die zur Darstellung philosophischer Schriften
zur Verfügung stand.[13] Diese Idee wurde nun im 18. Jahrhundert
von John Weaver, einem englischen Tänzer und Choreographen,
der auch bedeutende historisch-theoretische Schriften verfasst hat,
wieder aufgegriffen: Bei der Londoner Erstaufführung seines Bal-

---

[12] Vgl. Dahms, Sibylle: Die Ballettreform des 18. Jahrhunderts, in: Dies. (Hrsg.):
     Tanz, S. 113f.

[13] Vgl. Leeker: Mime, Mimesis und Technologie, München 1995, S. 14 und Voß,
     Rudolph: Der Tanz und seine Geschichte. Eine kulturhistorisch-choreographische
     Studie, Erfurt 1868, S. 40f. Antike Autoren betonen die Beteiligung sämtlicher
     Dramengattungen an der Herausbildung der Pantomime, etwa Emmeleia, Kordax
     und Sikinnis.

letts *The Loves of Mars and Venus – A Dramatic Enter-tainment of Dancing, Attempted in Imitation of the Panto-mimes of the Ancient Greeks and Romans* 1717 wurde dem Publikum ein Textbuch ausgegeben, in welchem „die Zeichen des ausschließlich gestisch-mimischen und rhythmisch strukturierten Ausdrucks, in dem die Handlung ablief, verbal fixiert" waren.[14]

Der von Jean Georges Noverre (1727-1810), Ballettreformer der zweiten Generation, kreierte Typus des *Ballet en action* kombinierte die Pantomime mit der Körpersprache Tanz, mittels derer die Geschichte eines solchen Handlungsballetts erzählt wurde: Während dem Tanz vorrangig die Aufgabe zukam, Empfindungen und Gefühle zu transportieren, wurde die Pantomime zur Trä-gerin der Handlung erhoben. Mit dem romantischen Ballett des 19. Jahrhunderts etablierten sich diese pantomimischen Elemente als dem Tanz gleichwertiges Darstellungsmittel, so z. B. in *Giselle* oder *La Sylphide*.[15]

Das Ballett bediente sich nunmehr also zweier Arten von Pantomime: Zum einen der für das Ballett erfundenen konventionellen, künstlichen, symbolischen Geste und zum anderen der dem Leben entnommenen natürlichen, expressiven Geste, ausgeführt jeweils entweder im oder gegen den Rhythmus der Begleitmusik. Als Sonderart der ‚klassischen' Pantomime übermittelt diese Ballettpantomime durch ihre festgelegten Gesten das konkrete Handlungsgeschehen oder den Gefühlsausdruck spezieller Szenen – die Scène de pantomime „entspricht also in etwa dem Rezitativ in der traditionellen Opᵉr", wie auch schon Jean Georges Noverre festgestellt hat. Der Begriff der Ballettpantomime wird insbesondere auch für solche Ballette angewendet, „in denen es primär auf die Herausarbeitung der dramatischen Geschichte ankommt, in denen

---

[14] Ebda., S. 114f.

[15] Vgl. Liechtenhan, Rudolf: Vom Tanz zum Ballett. Eine illustrierte Geschichte des Tanzens von den Anfängen bis zur Gegenwart, Stuttgart 1983, S. 162 und 179.

14

also die gestische Übermittlung des Inhalts wichtiger ist als der Tanz".[16]

Die Pantomime war mit der Bühnenkunst Mitteleuropas um die Jahrhundertwende eng verknüpft, vereinte „jede stilistische Form des Tanzes mit mimischer Aktion und Musik, zuweilen auch Gesang". Akzentuiert wurden dabei auf der einen Seite die im Libretto geschilderten (Seelen-) Zustände, „die sich in äußerer körperlicher Bewegung manifestieren", auf der anderen Seite aber die Qualität der Musik, die von einem eigenständigen Komponisten – im Unterschied zu einem Ballettkomponisten – stammen sollte. Ein dritter Akzent lag schließlich „auf der tänzerischen Realisierung dieser Vorgaben, die in der Hauptsache mit den in dieser Zeit in Mitteleuropa gewachsenen neuen tänzerischen Mitteln auf die Bühne gebracht" wurden.[17]

1.2   Kultureller Wandel und Tanz-Avantgarde am Fin de siècle

Um etwa 1860 setzten – von einigen wenigen Lichtblicken abgesehen – als Folge der übermäßigen Technisierung des Tanzes und des Mangels an „echter künstlerischer Substanz" Vitalitätsverlust und allmähliche Degeneration des europäischen Balletts ein, und Russland wurde zum neuen Entwicklungszentrum. Der große Marius Petipa hatte hier bereits den Boden für die hervorragende Talentförderung und Ausbildung russischer Tänzerinnen und Tänzer bereitet, während die Hohlheit und leere Virtuosität Serge Diaghilew den Impetus für seine Reformen gaben.[18]

---

[16]   Vgl. Chujoy, Anatole/Manchester, P. W. (Hrsg.): The Dance Encyclopedia, New York 1967, S. 704 sowie Koegler, Horst: Kleines Wörterbuch des Tanzes, Stuttgart 1999, S. 24.

[17]   Vgl. Oberzaucher-Schüller, Gunhild: Rückwärtsgewandte Spiegelungen. Zur *Josephs Legende*, in: Richard Strauss Blätter 45, Neue Folge (2001), S. 31.

[18]   Vgl. Liechtenhan: Vom Tanz zum Ballett, S. 84 sowie Christout, Marie-

Das Ballett war zu einem weiblichen Medium geworden, alle männlichen Balletttänzer und sogar die großen Ballettmeister wurden den Ballerinen untergeordnet. Insbesondere in Frankreich und Italien verwandelte sich das Ballett nach und nach in eine Akrobatik, die eine jede Tänzerin besser beherrschen wollte als alle anderen, nach dem Motto: "Work not only till the sweat comes, but till the blood comes through the pores of the skin." Da erstaunt es nicht, dass das Ballett nicht länger als seriöse Theaterkunst, geschweige denn als angesehene Karriereoption für junge Mädchen betrachtet wurde. Die Tänzerinnen kamen nun aus den ärmeren Gesellschaftsschichten, arbeiteten sehr hart, um berühmt und damit wohlhabend zu werden und behalfen sich wohl nicht selten mit dem Schnüffeln von Äther, um durchzuhalten. Währenddessen dienten die männlichen Tänzer nur noch als *porteurs* bei Hebefiguren und kehrten dem Ballett zahlreich den Rücken, so dass in England und Frankreich die Männerrollen von Frauen übernommen werden mussten, die ihre tänzerische Darstellung immer oberflächlicher gestalteten.[19]

Verglichen mit der Weiterentwicklung der Oper zum Musikdrama, das des Balletts nicht mehr bedurfte, wird die Leblosigkeit des damaligen Balletts noch deutlicher: "The more changes there were in opera the more antiquated and lifeless did ballet seem." Die großen Ballette der vergangenen Jahrzehnte waren weitgehend vergessen, nichts Gutes folgte ihnen nach – das Goldene Zeitalter der Bühnentanzkunst war beendet. Um zu überleben, musste das Ballett nun ebenfalls autonom werden und schaffte dies vor allem durch die Innovationen Michel Fokines zu Beginn des 20. Jahrhunderts:[20]

[19] Françoise: Histoire du ballet, Paris 1966, S. 67.
[20] Vgl. Mille, Agnes de: The Book of the Dance, London 1963, S. 123f.
Burian, K. V.: The Story of World Ballet, London 1963, S. 75.

This meant that ballet on the stage glowed with new life, that new horizons were unfolding, that it was becoming an independent, vigorous drama which was a true combination of music and movement. This, however, was accompanied by numerous new technical and aesthetic problems created in changing the existing ballet into a modern dance drama both as regards technique and ideas.[21]

Diese rettende Revolutionierung des Bühnentanzes fiel zeitlich demnach in die so genannte *Belle Époque*, die das 20. Jahrhundert zwar mit technischem und naturwissenschaftlichem Fortschritt und kolonialer Expansion einleitete, aber zugleich das Vorspiel zu einem Weltkrieg war, der sowohl die bisher gekannten Traditionen umwälzen als auch den Übergang ins Industriezeitalter besiegeln sollte. Die Gesellschaft änderte sich, hatte neue, auf Modernität ausgerichtete Bedürfnisse und Wünsche, die sich jeweils auf den Nenner der Bewegung bringen lassen: Autos, Flugzeuge, durch elektrisches Licht ermöglichte (bewegte) Bilder von Körpern, die durch Mode und Sport befreit waren, veränderten den Alltag der Menschen fundamental.[22]

Die sozialhistorisch interessante Entwicklung der Freizeit- und Bäderkultur nahm „eine Schlüsselposition innerhalb der vielfältig ausgeprägten Körperkultur-, Gymnastik- und Sportbewegung ein", deren Grenzen zur Tanzkunst zunehmend überschritten, wenn nicht gar verwischt wurden und mit einer „Umbesetzung damit verbundener Kulturmuster" einherging. Ausschlaggebend hierfür waren – neben der Begeisterung für *Exotisches* auf der Bühne – auf der einen Seite das neue Körperbewusstsein samt seiner Hygienevorstellungen, auf der anderen Seite „die entstehenden neuen Freizeitmodelle und ihre Beziehung zur ‚Natur'- Sehnsucht; und schließlich die Entfaltung bestimmter Körper- und Raum-

---

[21]   Ebda., S. 76.

[22]   Vgl. Michel, Marcelle/Ginot, Isabelle: La Danse au XXe siècle, Évreux 1995, S. 27.

Konzepte, die Etablierung von Baderitualen und den damit verbundenen typischen Bewegungsmustern und ‚Inszenierungs'- Momenten".[23]

Damit war einer neuen Ära choreographischen Schaffens der Weg geebnet: „Spontaneität, Natürlichkeit, Unmittelbarkeit und die ausschließliche Orientierung am Eigenrhythmus des Tanzenden" waren die Gebote der Stunde und erweiterten „das traditionelle Bewegungsrepertoire". Im Gegensatz zum von der Sehnsucht nach Schönheit und Harmonie geprägten klassischen Tanz gestattete der Ausdruckstanz gleichberechtigt skurrile und hässliche Bewegungen; „Schönheit und Repräsentation [wurden] von den Leitmotiven der Authentizität und Individualität abgelöst".[24]

Die beiden Amerikanerinnen Loïe Fuller und Isadora Duncan waren die Galionsfiguren jenes neuen, *modernen* Tanzes, der den Körper in den Dienst des Ausdrucks stellte und sich mithin vom klassischen Ballett nachdrücklich löste. Vor allem Duncans neuer Tanzstil beeinflusste den bereits erwähnten Choreographen Michel Fokine, der dem blutleeren Ballett mit den Pariser *Ballets Russes* neues Leben einhauchen sollte. In Paris trafen auch die zwei großen Tanz- und Bewegungstheoretiker Émile Jaques-Dalcroze und der junge Rudolf von Laban zusammen, dessen polymorphes Werk die bis heute vollständigste Bewegungsanalyse darstellt und die Schule des deutschen Expressionismus im Tanz begründet hat. Die in Paris um sich greifende Stimmung des kulturellen Auf- und Umbruchs und des Wetteiferns verhalf derweil einer Kunst zu einer raschen Ausbreitung auf den

---

[23]   Vgl. Brandstetter, Gabriele: Tanz-Avantgarde und Bäder-Kultur. Grenzüberschreitungen zwischen Freizeitwelt und Bewegungsbühne, in: Fischer-Lichte, Erika (Hrsg.): TheaterAvantgarde. Wahrnehmung – Körper – Sprache, Tübingen 1995, S. 124-126.

[24]   Vgl. Koch, Gabriele: Spiritualität in Bewegung. Tanz als Gestalt religiösen Lebens, Viersen 2002, S. 78.

Boulevards, die den bald durch-schlagend erfolgreichen modernen Tanz stark mitgeprägt hat: die Pantomime.[25]

Durch die Bewegung des Ausdruckstanzes in Frage gestellt, strebten die mimischen und tänzerischen Mittel des bis dato vorherrschenden Handlungsballetts „immer stärker auseinander und mündeten schließlich in zwei neuartige Gattungen": Zum einen bildete sich eine Form der Pantomimenkunst heraus, die von Literaten wie Arthur Schnitzler oder Hugo von Hofmannsthal propagiert wurde und „deren ästhetische Prinzipien sich in R. Strauss' *La Légende de Joseph* [...] manifestierten". Zum anderen entstand als Resultat der Lösung gruppenchoreographischer, Atmosphäre bildender Mittel aus ihrem originären Kontext im 20. Jahrhundert das durchchoreographierte Ballett – letztlich war „der für das 19. Jahrhundert gültig gewesene Dualismus mimischer und getanzter Sequenzen" damit aufgehoben.[26]

Die neue Freiheit im Tanz beförderte nicht zuletzt die Wahl religiöser Themen für das Tanztheater, „die neben anderem auch dadurch Neutralisierung" erfuhren, denn durch die wachsende Beliebtheit des Tanzes als Ausdrucksmittel gewann er im religiösen Kontext an Akzeptanz. Konträr „zu früheren Tanztraditionen und manchem Kunsttanz [besaß] Tanz nun keinen metaphysischen Sinnbezug mehr".[27]

Die Gegenströmung ließ nicht lange auf sich warten: Nachdem das russische Ballett Jahrhunderte lang dasjenige Westeuropas aufgesogen hatte, um seine eigene Entwicklung zu fördern, „so musste in dem Maße, als die Spätromantik überalterte, Westeuropa für den bedeutend frischeren russischen Impuls aufnahmebereit sein". Das balletthistorische Ereignis der *Ballets Russes* Diaghilews gelangte ab 1909 über kleinere Pariser Theater in die

---

[25]   Vgl. Michel/Ginot: La Danse au XXe siècle, S. 28.
[26]   Vgl. Oberzaucher-Schüller, Gunhild: 19. Jahrhundert, in: Dahms (Hrsg.): Tanz, S. 134f.
[27]   Vgl. Koch: Spiritualität in Bewegung, S. 82.

Grand Opéra als klassischer Stätte des Bühnentanzes – und verließ
sie nie wieder. Erst 1921 ebbte die Erfolgswelle allmählich ab,
denn nach dem Ersten Weltkrieg und dessen Auswirkungen sah
sich das Ballett neuen Problemen gegenüber gestellt.[28]

1.3 Ein Russe in Paris: Serge Diaghilews *Ballets russes* 1909-1914

Von Reformern und Kulturkritikern zunehmend als „Vehikel sinn-
entleerter Virtuosität" und „Inbegriff des repräsentativen Schau-
tanzes höfischer Prägung" gebrandmarkt, begann sich mit dem
Anbruch des neuen Säkulums „auch in Ballettkreisen [...] Widerstand gegen die Zwänge der alten Tradition zu regen": Die in
St. Petersburg ansässige avantgardistische Künstlergruppe *Mir
iskusstva* (Welt der Kunst), die unter gleichem Namen das ihrerzeit
führende Kunstmagazin herausgab, ebnete mit ihren progressiven
Ideen dem Ballett einen Weg in die Moderne, die in zunehmendem
Maße „durch die Persönlichkeit der beteiligten Künstler und nicht
durch a priori festgelegte Gattungs- und Stilkonventionen bestimmt
wurde". Durch die geradezu prototypische Symbiose von Tradition
und Innovation trat zu Beginn dieser Entwicklungsphase ein Ensemble hervor, das sich von der *Mir iskusstva* abgespalten hatte –
Serge Diaghilews *Ballets Russes* (1909-1929). Im Westen ab 1906
zunächst mit exzellent kuratierten Ausstellungen russischer Kunst
und mit Aufführungen russischer Opern und Konzertmusik erfolg-
reich, konfrontierte Diaghilew „in seiner dritten *Saison russe* das
Pariser Publikum schließlich auch mit Ballettproduktionen".[29]

Eigenartigerweise ist Serge Diaghilew niemals selbst
künstlerisch in Erscheinung getreten; er regte an und organisierte,

---

28 Vgl. Gregor, Joseph: Kulturgeschichte des Balletts. Seine Gestaltung und
    Wirksamkeit in der Geschichte und unter den Künsten, Wien 1944, S. 321.
29 Vgl. Woitas, Monika: 20. Jahrhundert, in: Dahms (Hrsg.): Tanz, S. 136f.

nannte sich selbst einen „Mäzen ohne Geldmittel". Für seine Ballettpremiere im Théâtre du Châtelet in Paris am 19. Mai 1909 verpflichtete er Tänzer des St. Petersburger Mariinski-Balletts, unter ihnen die berühmten Stars Karsawina, Pawlowa und Nijinsky. [30] Diaghilew forderte in bewusster Abgrenzung zum russischen Realismus „die unbedingte Freiheit der Kunst, die Zweck und Ziel allein in sich selbst trage und die künstlerische Persönlichkeit als einzig relevanten ästhetischen Kulminationspunkt sehe". Sein Konzept ging auf, und bereits das erste Ballettprogramm feierte in einer lediglich sechswöchigen Spielzeit triumphalen Erfolg. Der Reformer Michel Fokine, Chefchoreograph bis 1912 sowie 1914/15, überzeugte mit dem klassizistischen Pariser Eröffnungsballett *Pavillon d'Armide* (1907), mit *Le Festin* (1909) und dem neoromantischen weißen Ballett[31] *Les Sylphides* (1909) sowie mit dem von Léon Bakst, Alexandre Benois und Nikolas Roerich ausgestatteten dekorativen Stück *Cléopâtre* (1908).[32] Fokines Werke „waren voll von mimetischer Expressivität, die immer auch wild und barbarisch, ‚russisch' wirkte, und situationaler Atmosphäre, die Mythisches und Exotisches ausstrahlte" und eben dadurch das Pariser Publikum in seinen Bann zog:[33]

> Sowohl nie zuvor und danach hat das Ballett mit einem Schlag die ganze westliche Welt so im Sturm erobert. Ganz Paris wollte die Russen sehen. Anna Pawlowa (1881-1931), Tamara Karsawina (1885-1978) und vor allem der fabelhafte Springer

---

[30] Vgl. Liechtenhan: Vom Tanz zum Ballett, S. 92 sowie Koegler, Horst: Ballett international. Versuch einer Bestandsaufnahme, Berlin 1960, S. 23.

[31] Als Weißes Ballett oder Ballet blanc bezeichnet man ein Ballett im akademischen Stil, ohne oder mit stark reduzierter Handlung, in dem die Tänzerinnen lange weiße Knieröcke tragen, in späteren Balletten zu abstehenden Tutus verkürzt.

[32] Vgl. Huschka, Sabine: Moderner Tanz. Konzepte – Stile – Utopien, Reinbek 2002, S. 123-125.

[33] Vgl. Jeschke, Claudia: Historische Avantgarde als Tanz: Die *Ballets Russes*, Vorlesungskommentar, Institut für Theaterwissenschaft der Universität Bern, WS 2004/05. Siehe auch http://www.theaterwissenschaft.unibe.ch/aktuelles/tanzwissenschaft.html (Stand: 15.01.2006).

Vaslaw Nijinsky (1889-1950) waren in aller Munde. Nicht weniger als die Tänzer machten die Bühnendekorationen von Alexander Benois (1870-1960) und Leon Bakst (1866-1924) Furore. Da hingen plötzlich nicht mehr verstaubte Prospekte auf der Bühne, sondern künstlerisch wertvolle Dekorationen.[34]

Mit den von Beginn an gefeierten *Ballets Russes* war ein neuer soziologischer Balletttypus geboren, der zudem den „Durchbruch einer neuen Ballettästhetik" markierte. Als erste große Ballettkompanie überhaupt bildeten die *Ballets Russes* ab 1910 ein Privatunternehmen und existierten „ohne Bindung an ein bestimmtes Opernhaus". Die St. Petersburger Tänzer, die bis dahin „einen quasi-Beamtenstatus mit allen dazugehörigen Versorgungsansprüchen" innegehabt hatten, lösten sich hierfür „aus dem Verband der Hoftheater des Zaren" – ein nahezu revolutionärer Schritt. Diaghilew ist demnach als der ‚Erfinder' des auch heute noch gängigen Typs der „unabhängigen großen Ballettkompanie" als internationaler Tourneekompanie anzusehen, „die sich selbst zu finanzieren gezwungen und im übrigen auf Zuschüsse von privater Seite angewiesen ist".[35]

In choreographischer Hinsicht arbeiteten die russischen Künstler mit größerer Vorsicht als die antiquierten Westeuropäer, indem sie sich „auf die wohlbekannten linearen, frontalen, zyklischen Formen" zurückzogen, hatten sie doch keinen Anlass, „in der Erfindung überraschender Figuren zu glänzen". Frische und Präzision der Pirouetten, Battements und Sprünge waren als reine Ausdrucksform anstelle der Tabulatur ausschlaggebend.[36] Ihren Höhepunkt erreichte die für die *Ballets Russes* typische „Synthese von Bühnengestaltung und Bewegung" nach den ‚barbarischen' *Polowetzer Tänzen* aus der Oper *Fürst Igor* von Alexander Borodin – denen eine prominente Bedeutung für die Wiederein-

---

[34] Vgl. Liechtenhan: Vom Tanz zum Ballett, S. 92f.
[35] Vgl. Koegler: Ballett international, S. 23.
[36] Vgl. Gregor: Kulturgeschichte des Balletts, S. 322f.

setzung der männlichen Balletttänzer in ihre alten Rechte zukam – und *Les Sylphides* zu Klaviermusik von Frédéric Chopin (beide 1909) mit *Schéhérazade* (1910) zu Musik von Rimsky-Korsakow. Zeitgenossen würdigten die *„Geschlossenheit der künstlerischen Konzeption und Ausführung"* als „wichtigste Innovation der *Ballets russes"*, berücksichtigten aber dabei die musikalische Komponente vorerst nicht. Bedenkenlos hatte man etwa Rimsky-Korsakows Sinfonische Dichtung der eigenen szenischen Konzeption angepasst, bediente sich der Klaviermusik Chopins (*Les Sylphides*) oder Robert Schumanns (*Carnaval*, 1910) und „scheute auch vor Pasticcios nicht zurück, die aus heutiger Sicht geradezu abenteuerlich anmuten": Die Musik zu *Cléopâtre* war aus Stücken von Anton Arensky, Alexander Glasunow, Michail Glinka, Modest Mussorgsky, Rimsky-Korsakow, Serge Tenejew und Alexander Tscherepnin zusammengesetzt.[37]

Das Jahr 1910 bescherte Diaghilew mit *L'Oiseau de feu*, zu dem er seinen ersten Kompositionsauftrag (an Igor Strawinsky) vergeben hatte, einen weiteren großen Erfolg; spätestens mit *Petrouchka* (1911) setzte dann jedoch eine „nicht mehr umkehrbare musikalische wie choreographische Neuorientierung" ein, die dank des Vorstoßes durch Strawinsky, der Rhythmus und Melodie gleichberechtigt behandelte, viele zeitgenössische Komponisten für das Ballett gewinnen konnte. Fokines künstlerische Ausdrucksformen schienen Diaghilew nun veraltet, und so ersetzte er ihn kurzerhand durch Vaslaw Nijinsky als neuem Chefchoreographen.[38] Dieser „verkehrte die Ideale des klassischen Tanzes in ihr Gegenteil", und eine alles durchdringende Motorik trat an die Stelle der bis dahin üblichen „Orientierung der Choreographie an melodischen Phrasen". Seine kühnen Werke (*L'Après-midi d'un faune* 1912, *Le Sacre du printemps* 1913 und *Parade* 1917) lösten Skandale aus: « [...] vivement encouragé par Diaghilev, [Nijinsky] s'aventure vers une recherche de mouvements totalement novatrice ; mais son

---

[37]   Vgl. Woitas: 20. Jahrhundert, in: Dahms (Hrsg.): Tanz, S. 137 sowie Koegler: Ballett international, S. 25.

[38]   Vgl. Woitas: 20 Jahrhundert, in: Dahms (Hrsg.): Tanz, S. 137f.

expérience est brève car ses œuvres provoquent un tel rejet du public qu'elles sont très vite abandonnées. »[39]

Zum persönlichen Bruch zwischen Nijinsky und seinem Impresario Diaghilew kam es indessen erst aufgrund der heimlichen Hochzeit des Startänzers; gemeinsam geplante Projekte wie etwa ein Ballett zu Musik von Johann Sebastian Bach und dasjenige der *Josephslegende* nach biblischer Vorlage wurden aufgegeben. Letzteres brachten die *Ballets Russes* aber 1914, kurz vor dem Ausbruch des Ersten Weltkrieges, mit einer Choreographie Fokins doch noch heraus[40], nachdem in der Saison 1913 der Choreograph Boris Romanow ein kurzes Gastspiel[41] unter anderem mit *La tragédie de Salomé* gegeben hatte – einem Ballett, das zwar mit der biblischen Vorlage kokettierte, diese aber sehr frei auslegte und erweiterte (um nicht zu sagen: entstellte). Da es sich bei diesem Stück jedoch lediglich um einen Wiederaufgriff einer choreographischen Arbeit der Amerikanerin Loïe Fuller und nicht um eine Eigenproduktion der *Ballets Russes* handelte, wird es in dieser Untersuchung nur im Rahmen eines Exkurses betrachtet.

---

[39] Vgl. *Les Ballets Russes de Serge Diaghilev*, zu finden auf: http://www.cndp.fr/balletrusse/thema/the_chore.htm#ballet (Stand: 15.01.2006).

[40] Vgl. Liechtenhan: Vom Tanz zum Ballett, S. 95-98. – Nijinsky gründete eine eigene Tanztruppe, der jedoch wenig Erfolg beschieden war.

[41] Romanow kreierte 1913 zudem den *Tanz der Persischen Frauen* aus Mussorgskys Oper *Howanschina*. Mit seinen beiden Choreographien hatte er (bescheidenen) Erfolg, obwohl sie sich durch keinerlei speziellen Wagemut oder Kreativität auszeichneten, vgl. Lieven, Peter Prince: The Birth of the Ballets-Russes, New York 1973, S. 188.

24

Exkurs: *La tragédie de Salomé* (1913)

Die Legende um Salome und ihren ‚Schleiertanz' für König Herodes Antipas, für den sie den Kopf Johannes des Täufers als Belohnung erhält, ist nur in den Evangelien nach Matthäus (14, 1-12) und Markus (6, 14-29) zu finden, wobei ihr Name, Salome (hebräisch: die Friedliche), weder hier noch an einer anderen Bibelstelle auftaucht; ebenso wenig ist hier von den berühmten ‚sieben Schleiern' die Rede. Der mehr als zweitausendjährigen Präsenz der Salome in Literatur, Malerei, Musik und Tanz hat dies jedoch keinen Abbruch getan; im *modern dance* ist sie der wohl „am häufigsten verwendete biblische Charakter".[42] Besonders auf die Symbolisten des 19. Jahrhunderts übte die Femme-fatale-Gestalt der Salome, häufig mit Zügen Herodias' überblendet, eine große Faszination aus. Die Gestaltungen der Salome sind in allen Kunstformen derart vielfältig und zahlreich, dass sie wohl einer selbständigen Studie bedürften.[43]

Hintergrund der biblischen Geschichte ist die zweite Ehe des Herodes Antipas mit seiner Schwägerin Herodias, die Johannes der Täufer öffentlich als unzulässig angeprangert hatte[44] und dafür eingekerkert worden war. Bei der Geburtstagsfeier Herodes' tanzte Salome, als Tochter der Herodias gleichzeitig Nichte und Stieftochter des Königs, vor den Gästen und begeisterte sie, insbesondere aber den Jubilar so sehr, dass dieser ihr alles zu geben schwor, was sie sich nur wünsche. Dem Drängen ihrer Mutter Herodias nachgebend, verlangte Salome den Kopf Johannes des Täufers. Herodes ließ daraufhin den Eingekerkerten enthaupten und seinen

---

[42] Vgl. Manor: The Bible as Dance, S. 67. Eigene Übersetzung.

[43] Vgl. Brandstetter: Tanz-Lektüren, S. 225.

[44] Nach der Bestimmung von Lev 18,16 („Die Scham der Frau deines Bruders darfst du nicht entblößen; denn sie ist die Scham deines Bruders.") und 20, 21 („Nimmt einer die Frau seines Bruders, so ist das Befleckung. Er hat die Scham seines Bruders entblößt [...].") musste die Verbindung des Herodes mit Herodias, der Frau seines Bruders Philippus, als unerlaubt gelten, da die frühere Ehe nicht geschieden worden war. – Vgl. Die Bibel. Einheitsübersetzung der Heiligen Schrift, Stuttgart 1999, S. 1093 unten.

Kopf auf einer Schale hereinbringen, die Salome alsbald an Herodias weiterreichte; Johannes' Leichnam wurde von seinen Jüngern geholt und begraben.[45]

In einem 1907 in Paris und Moskau gezeigten Salome-Ballett nach einem Gedicht von Robert d'Humières mit der als *danseuse de voiles* berühmten Loïe Fuller in der Titelrolle – die Musik komponierte Florent Schmitt für kleines Orchester –, wurde der Stoff besonders effekthascherisch umgesetzt, und man veränderte die biblische Vorlage gravierend:[46]

Herodes beobachtet Salome beim Tanz auf der Terrasse seines Palastes, als Johannes der Täufer unerwartet eintritt, um den Bann über Herodias zu verhängen. Sie schmückt ihre Tochter mit Perlenketten, und Herodes entledigt Salome ihrer Kleider. Johannes verflucht sie deshalb, indem er ihr seinen Mantel umhängt und wird daraufhin auf Befehl Herodias' enthauptet. Salome wirft den Kopf des Täufers ins Meer; der blutige Kopf erscheint wieder im Himmel[47] – die Handlung endet mit einer „visionären Sequenz von Salome und Johannes dem Täufer, befreit von seinen Ketten, in einer Landschaft der Liebe"[48].

Die szenische Verarbeitung war besonders virtuos gestaltet; Fuller bediente sich einer eigens entwickelten Lichttechnik, mit Hilfe derer sie ein „Spiel von Farb-Projektionen auf bewegten, weit dimensionierten Stoffflächen" erzeugte. Auf diese Weise setzte sie nicht Salomes Tanz als solchen, sondern das Drama um Begehren und Schuld „in phantasmagorischen Bildern" in Szene:[49]

---

[45]   Ebda., S. 1093 und 1123f.

[46]   Vgl. Ville de Strasbourg (Hrsg.): Les Ballets Russes de Serge de Diaghilev 1909-1929, Straßburg 1969, S. 114.

[47]   Ebda.

[48]   Kodicek, Ann (Hrsg): Diaghilev – Creator of the Ballets Russes. Art – Music – Dance, London 1996, S. 166.

[49]   Vgl. Brandstetter: Tanz-Lektüren, S. 231f.

[Fuller] used elaborate lighting apparatus and diaphanous veils for her dance, 'entwined in strings of pearls taken from the coffers of Herodias'. Fuller's dance of seduction was done in complete darkness, illuminated only by flashes of lightning. After the execution, she presented John's head on a charger in a triumphal dance and finale. In the 'Dance of Fear,' Salome ran all over the stage 'to flee panic-stricken from the sight of the severed head persistently following her with martyred eyes.[50]

Eine neue Version dieses Aufsehen erregenden Balletts gab Natascha Truhanowa 1912 im Théâtre du Châtelet in Paris, mit der für Symphonieorchester erweiterten Musik Florent Schmitts und ausgestattet von Maxime Dethomas. Von dieser Performance angeregt, initiierte Diaghilew für die Spielzeit des darauf folgenden Jahres den erneuten Aufgriff dieses Salome-Balletts für seine eigene Kompanie. Unter dem Titel *La tragédie de Salomé* wurde das Stück in der Choreographie von Boris Romanow und mit Tamara Karsawina in der Hauptrolle am 12. Juni 1913 im Théâtre des Champs-Elysées uraufgeführt; Serge Sudeikins Kostüme und Bühnenbilder, eine eigenwillige Mischung aus Exotischem und Erotischem, wirkten wie Durchschläge der Arbeiten von Bakst.[51]

Wie Regisseur Serge Grigoriew danach sagte, war die Uraufführung ein Fehlschlag: « les principales raisons étaient la confusion du scénario, la mise en scène et le décor inintéressants ; la musique et la chorégraphie l'étaient à peine moins... ».[52] Auch der Kritiker und Ballettschriftsteller André Levinson fällte ein hartes Urteil:

---

[50]   Manor: The Bible as Dance, S. 67.

[51]   Vgl. Ville de Strasbourg (Hrsg.): Les Ballets Russes de Serge de Diaghilev 1909-1929, S. 114 sowie Kodicek: Diaghilev – Creator of the Ballets Russes, S. 64.

[52]   Vgl. Ville de Strasbourg (Hrsg.): Les Ballets Russes de Serge de Diaghilev 1909-1929, S. 115.

La chorégraphie de Romanov m'a frappé par son défaut de précision, de but et de style. Dans la forme de ses mouvements, elle est très proche des méthodes de Fokine, mais on y remarque une tendance à rénover l'arrangement décoratif, symétrique, des groupes de danseurs ; cependant cette symétrie est une caractéristique du ballet classique. La danse de Salomé, fragmentée comme une mosaïque, nous a semblée singulièrement inexpressive, peut-être parce que nous n'avons pas trouvé la moindre trace d'expérience dramatique dans la recherche excessive de la danse de Mme Karsavina. Ce ballet n'a suscité aucune espèce de réaction de la part du public, ni dans un sens ni dans l'autre. En somme, il a paru très rudimentaire.[53]

Nach nur wenigen weiteren, ebenfalls erfolglosen Vorstellungen bei der Südamerika-Tournee sowie in Monte Carlo verschwand *La tragédie de Salomé* für immer aus dem Repertoire der *Ballets Russes*.

---

[53] Zitiert nach Lifar, Serge: Serge de Diaghilev. Sa vie – Son œuvre – Sa légende, Monaco 1954, S. 256f.

2 Die *Ballets Russes* und das Alte Testament: *Josephslegende* (1914)

2.1 Von Paolo Veroneses *Nozze di Cana* zur Bühnen- und Kostümgestaltung

Harry Graf Kessler, unter anderem Kunstsammler, Literat und Diplomat, hatte schon nach seinem ersten Besuch der *Ballets Russes* 1909 in Paris in einem begeisterten Brief an Hofmannsthal dazu angeregt, ein Libretto für Diaghilew zu schreiben, und 1911 kam schließlich der Kontakt mit dem russischen Impresario zustande. So schrieb Kessler am 25. Juni an Hofmannsthal:[54]

> Diaghilew hat mich inzwischen beauftragt, dich um ein Ballett mit Musik von Strauss für Nijinsky (Hauptrolle) zu bitten. Der Name Strauss kam nicht von mir, sondern von ihm [...]. Er bedauert sehr, dass du sein Ballett nie gesehen hast, meint, es sei unmöglich für dich, die Möglichkeiten einer Erscheinung wie Nijinsky, [...] ohne sie selbst auf der Bühne in Aktion gesehen zu haben, zu beurteilen. [...] Nijinsky ist ein Genie, ein Genie ganz einziger Art, wie es unsere Zeit nicht gesehen hat [...].[55]

Mit dem Hinweis, auch Rainer Maria Rilke habe sich „unter dem Eindruck von Nijinskys Leistung zu einer Ballettidee inspirieren lassen und Kessler um Mitarbeit gebeten", bekräftigte der Diplomat seinen Lobgesang auf den russischen Ausnahmetänzer, woraufhin ihm Hofmannsthal Mitte Juli 1911 offiziell seine Mitarbeit an diesem Auftragswerk anbot. Die Sujetsuche zog sich nun über ein Jahr hin – Stoffe wie *Amor und Psyche*, *Daphnis und Chloe* oder *Atalanta* wurden in Betracht gezogen und wieder verworfen,

---

[54] Vgl. Barzantny, Tamara: Harry Graf Kessler und das Theater. Autor, Mäzen, Initiator 1900-1933, Köln 2002, S. 153-157. – Zum persönlichen Verhältnis zwischen Kessler und Hofmannsthal vgl. ebda., S. 160-165.

[55] Hofmannsthal, Hugo von / Graf Kessler, Harry: Briefwechsel 1898-1929, hrsg. Von Hilde Burger, Frankfurt a. M. 1968, S. 331.

für Hofmannsthals Szenario *Orest und die Furien* lehnte Strauss die Komposition einer Ballettmusik aufgrund der Nähe zu *Elektra* ab. So wurden der *Orest* sowie das später entstandene *La mort du jeune homme voluptueux* „für 1914 zurückgelegt – und nie realisiert". Indessen äußerte der von Diaghilew als künstlerischer Berater aus St. Petersburg geholte Kostüm- und Bühnenbildner Alexandre Benois 1912 die Idee, mit einem Ballett (ursprünglich waren Debussys *Trois Nocturnes* von 1899 als Musik angedacht, erwiesen sich dann aber doch als zu kurz) einem „seiner hochgeschätzten Maler, Paolo Veronese (eigentlich Caliari, 1528-1588), eine Hommage zu erweisen": die *Nozze di Cana* (Hochzeit zu Kana, Abb.1) wurde zur Grundlage der Ausstattungsentwürfe Benois' bestimmt.[56]

Benois regte an, dieses Gemälde Veroneses zu beleben, mithin ein *tableau animé* für die *Ballets Russes* zu schaffen. Der szenische Topos eines solchen ‚belebten Bildes' zieht sich wie ein roter Faden durch die Ballettgeschichte; war er „in früheren Epochen Teil eines mehraktigen Handlungsballetts" gewesen, sollte er nun, in dem von Hofmannsthal und Kessler zu konzipierenden Ballett, „gleichsam zum alleinigen Thema des Werks erhoben" werden.[57]

Als Künstler des *Cinquecento*, i. e. des 16. Jahrhunderts, hatte Paolo Veronese unter dem Eindruck kirchlicher, gegenreformatorischer Programmschriften wie etwa dem Tridentinischen Bilderdekret begonnen, *ars sacra* und *ars profana* voneinander zu trennen; „Grenzverwischungen und verweltlichende Tendenzen" waren jedoch weiterhin bestehen geblieben. Die profane Durchdringung der ‚Gastmähler' (*Hochzeit zu Kana* 1563, *Gastmahl im Hause Levi* 1573 und *Das letzte Abendmahl*, 1580er Jahre) hatten den Maler gar vor die Inquisition gebracht.[58]

---

[56] Vgl. Barzantny: Harry Graf Kessler und das Theater, S. 158-170.

[57] Vgl. Oberzaucher-Schüller: Rückwärtsgewandte Spiegelungen, S. 28.

[58] Vgl. Seidel, Martin: Venezianische Malerei zur Zeit der Gegenreformation. Kirchliche Programmschriften und künstlerische Bildkonzepte bei Tizian,

Veronese nahm die neutestamentlichen Erzählungen als Vorwand für die Inszenierung prunkvoller Feste in den Gewändern seiner Zeit. Vor „herrlichen, bühnenartig arrangierten architektonischen Kulissen" schilderte er auf realistische Weise ein in hohem Maße exklusives gesellschaftliches Leben – das Gepräge des prunkvollen Ambientes und der „überaus elegant gewandeten Anwesenden" scheinen Reichtum und Macht des in seiner Blüte stehenden Venedig nachdrücklich herauskehren zu wollen. So zeichnet sich die *Hochzeit zu Kana* durch die imposante szenographische Gestaltung, die Pracht der Gewänder und die „Neigung zum Phantastischen" aus, „mit der Veronese die Erzählung des Evangeliums nachempfunden hat". Nicht zuletzt wird aber die bei der jüngsten, 1992 abgeschlossenen Restaurierung zum Vorschein gekommene außerordentlich vielfältige und reiche, von Licht durchwobene Farbigkeit gepriesen, die „den dekorativen Charakter des Ganzen unterstützt und hervorhebt" – Alexandre Benois hat demzufolge, 80 Jahre davor, lediglich das Bild in seinem bis dato nachgedunkelten Zustand zu Gesicht bekommen.[59] Hofmannsthal hatte schon bei seiner oberitalienischen Reise im Jahre 1903 die Großen der venezianischen Malerei – Bassano, Giorgione, Palladio, Pordenone, Tizian und eben Veronese – kennen und durch ihre Augen zu sehen gelernt. Allein die Namen der Künstler waren ihm seitdem „Zauberworte, deren Magie die Widerständigkeit der Wirklichkeit" breche.[60]

Nach den Anregungen Alexandre Benois' und den darauf aufbauenden Vorgaben Diaghilews gestaltete der spanische Maler José Maria Sert das Bühnenbild der *Josephslegende* im venezianischen Stil: eine große Säulenhalle mit etwas über mannshohen Wänden aus scheinbar purem Gold, über welchen eine Loggia aus

---

Tintoretto, Veronese und Palme il Giovane. Dissertation, Bonn 1996 (=Bonner Studien zur Kunstgeschichte, Bd. 11), S. 61.

[59] Vgl. Pedrocco, Filippo: Veronese, Florenz 1998, S. 34 sowie Posselle, Laurence (Hrsg): Les Noces de Cana de Véronèse. Une œuvre et sa restauration, Paris 1993, S. 71f.

[60] Vgl. Braegger, Carlpeter: Das Visuelle und das Plastische. Hugo von Hofmannsthal und die bildende Kunst, Bern 1979, S. 61-64.

massiven Säulen, die in einem skarabäenähnlichen, grünmetalli-
schen Glanze erstrahlen, verläuft. Zwischen den Säulen wird die
Sicht auf einen tiefblauen Himmel frei, stellenweise versperrt
durch Palmenwipfel. Auf der linken Seite der Loggia befindet sich
ein gewölbter Eingang, auf der rechten ein paar Stufen hinauf zur
Loggia. An der hinteren Wand ist, leicht erhöht, eine lange Tafel
platziert, zur Linken flankiert von einem kleineren Tisch auf drei
breiten Stufen. Beide Tische sind mit weißen Tüchern, goldenen
Bechern, kristallenen Weinkaraffen und goldenen Schalen mit
hoch aufgehäuften Früchten und Fleischspezialitäten gedeckt. Die
Gäste sitzen hinter dem langen Tisch, die Herren in kostbarem
Wams und geschlitzter Hose, die Damen in prachtvollem Brokat.
Potiphar, imposant gekleidet in Samt und Hermelinpelz, sitzt an
dem kleinen, erhöhten Tisch, neben ihm seine Frau, gehüllt in ein
rotes Brokatkleid mit schwerer Goldstickerei. Potiphars Leibwache, mit goldenem Brustschutz, goldenen Hellebarden[61] und langen, kurzgriffigen Peitschen stehen in Gruppen entlang der Wän-
de:[62]

> The scene presents a marvellous spectacle of the wealth and
> might of Potiphar. Bored to the last degree, he lazily sips from a
> tall breaker that stands in front of him. Satiated with all that life
> can offer, it is certain that for him there remains no pleasure un-
> tested, no sensation unrealised. His is indeed a world 'in which
> the air seems charged with gold dust'.[63]

Auch nach dem Ende des Gastmahls bleibt das Bühnenbild in
seiner anfänglichen Form bestehen, mit dem einzigen Unterschied,
dass es nun abgedunkelt wird, um die Stimmung der nächtlichen
Verführungsszene visuell umzusetzen.

---

[61] Stangenwaffen des 14. bis 16. Jahrhunderts.
[62] Vgl. Beaumont, Cyril W.: Michel Fokine and his Ballets, New York 1981,
S. 104f.
[63] Ebda., S. 105.

Serts prächtige Bühnengestaltung wirkte wie ein Plagiat von Leon Baksts Entwürfen für *Das Martyrium des Heiligen Sebastian* von 1911. Bakst (1866-1924), „der Epoche machende Bühnenbildner und Kostümentwerfer für Serge Diaghilews Ballets Russes"[64], hatte sich mit dem Auftrag für die Kostüme zufrieden zu geben. Nicht ganz sicher ist, ob Diaghilew hierfür nicht erst Benois im Sinn hatte; Massine stellte für sich fest, dass sein Josephskostüm mit Sicherheit von Benois stamme, weil Baksts Design Diaghilew nicht zugesagt habe. Die verschwenderischen Kreationen aus Samt und Brokat wurden nach dem Vorbild der Gewänder in Veroneses Gemälden gefertigt – ein neuer Ansatz nach romantischem Biedermeier, östlichem Exotismus und russischer Folklore.[65] Die Kostüme für die *Josephslegende* adaptierten Farben und Schnitt der venezianischen Kleider, verbanden orientalische und westliche Elemente zu einem blendenden Ganzen. Die Palette von Rot-, Orange-, Mauve- und Grüntönen wurde ergänzt durch ein mit Goldornamenten verziertes Schwarz.[66] Die Kostüme für Joseph und die Händler waren dagegen von orientalischen Gewändern derselben Zeit, i.e. des 19. Jahrhunderts, inspiriert:[67] « Les costumes de Bakst aux couleurs pures et flamboyantes, étaient les plus ostentatoires qu'il ait jamais dessinés [...].»[68]

Für Potiphars Kostüm stand der Sultan aus der ebenfalls von Bakst in Szene gesetzten, prunkvoll-exotischen *Schéhérazade* von 1910 Pate; er trägt eine beeindruckende Krone, einer rotgoldenen Fontäne ähnlich. Seine Frau verkörpert eine halbmondäne Venezianerin mit einem schweren, geteilten Brokatrock, unter dem orangefarbene Kniehosen, mit Schmuck versehene Strümpfe und Stelzenschuhe hervorblitzen. Auf leuchtend grünem Haar trägt sie

---

[64]   Brandstetter: Tanz-Lektüren, S. 347.

[65]   Vgl. Spencer, Charles: Leon Bakst, London 1973, S. 113-115. – Der Produktionsprozess brachte eine Verschlechterung des Verhältnisses zwischen Bakst und Diaghilew mit sich.

[66]   Vgl. Ingles, Elisabeth: Bakst. The Art of Theatre and Dance, London 2000, S. 145.

[67]   Vgl. Beaumont: Michel Fokine and his Ballets, S. 104.

[68]   Schouvaloff, Alexander: Léon Bakst, Paris 1991, S. 172.

einen gold- und rotfarbenen Turban, an den hinten violetter Samt wasserfallartig anschließt.[69]

Bakst präsentierte in der *Josephslegende* wie auch in seinen anderen Ausstattungsarbeiten für Diaghilew eine „Farbenorgie in Stoffen", opulent stilisierten, dem Jugendstil nahestehenden Exotismus sowie eine „szenische Bewegtheit der ‚Textur' von Kostümen und Ausstattung". So verschwinden die Tanzenden gleichsam „in den bewegten Stofflineaturen; nicht der Körper erscheint als Akteur des Tanzes, sondern das textile Ornament des Tanzkleids":[70]

> „Léon Bakst gelingt mit seinen Ausstattungen eine ornamentale Umhüllung der tanzenden Körper, deren Bewegtheit, durch die Komposition der Gewänder aus Linien und Flächen in den Raum hineingeführt, zur dynamisch strömenden Erscheinung wird."[71]

Wie Schouvaloff angemerkt hat, scheinen Sert und Bakst nicht zusammen gearbeitet zu haben, denn die Kostüme harmonisierten nicht in gleicher Weise mit dem Dekor wie wenn Bakst sich um beides kümmerte. Grigoriew urteilte noch strenger, indem er äußerte: "[…] both the black and gold scene by Sert and the costumes by Bakst failed in some way to create the proper atmosphere."[72]

---

[69] Vgl. Spencer: Leon Bakst, S. 115 sowie Brandstetter: Tanz-Lektüren, S. 348.

[70] Vgl. Brandstetter: Tanz-Lektüren, S. 349-352 sowie Raev, Ada: Zum choreographischen Ansatz in den Kostümentwürfen von Léon Bakst und seinen Folgen, in: Jeschke, Claudia et al. (Hrsg.): Spiegelungen. Die Ballets Russes und die Künste, Berlin 1997, S. 54-81.

[71] Huschka: Moderner Tanz, S. 126.

[72] Vgl. Spencer: Leon Bakst, S. 115.

2.2   Theologischer Kommentar zu Genesis 39,1-20

Zweifellos zählt die Josephsgeschichte (in Gänze Genesis 37-50) zu den bekanntesten alttestamentlichen Erzählungen; vielfältige künstlerische Umsetzungen des Stoffes – man denke zum Beispiel an das Gemälde *Joseph und die Frau des Potiphar* von Rembrandt van Rijn (1655), an den vierteiligen Romanzyklus *Joseph und seine Brüder* von Thomas Mann (1933-1943) oder das 1996 uraufgeführte Musical *Joseph* von Andrew Lloyd Webber – zeugen davon. Der Handlungsrahmen der hier zu besprechenden Ballettpantomime entspricht weitgehend der Textpassage um Joseph und die Frau des Potiphar in Genesis 39,1-20, lediglich das Finale des Balletts wartet zugunsten des Spannungsfeldes „zwischen Apotheose der Reinheit und überreizter Dekadenz" mit einer dramaturgischen Wende auf.[73]

Von seinen Halbbrüdern an ismaelitische Sklavenhändler verkauft, gelangte der biblische Patriarch Joseph, Sohn des Stammvaters Jakob und der Rachel, nach Ägypten. Potiphar, Kämmerer und Oberster Leibwache des Pharao, kaufte ihn den Händlern ab, machte ihn zu seinem Verwalter 'und vertraute ihm alles an, was er besaß', denn er sah, dass Joseph von Gott gesegnet war. So ruhte der göttliche Segen fortan um Josephs willen auch auf dem Hause Potiphars, der nun 'seinen ganzen Besitz in Josephs Hand' ließ und sich 'um nichts als nur um sein Essen' kümmerte[74].

---

[73]   Vgl. Schweizer, Harald: Joseph. Urfassung der alttestamentlichen Erzählung (Genesis 37-50), Tübingen 1993, S. 10 sowie Schüller, Gunhild: Fokin: La Légende de Joseph, in: Dahlhaus, Carl et al. (Hrsg.): Pipers Enzyklopädie des Musiktheaters. Oper, Operette, Musical, Ballett, 8 Bde., Bd. 2: Werke Donizetti – Henze, München 1987, S. 253. – Im Folgenden werden Bibelzitate nur mit einfachen Anführungsstrichen gekennzeichnet, um sie von Zitaten aus Sekundärquellen abzuheben.

[74]   Gen 39, 1-6. – Diese Formulierung könnte ein Euphemismus sein für „er kümmerte sich um nichts als um seine Ehefrau", ist wahrscheinlich aber idiomatisch zu verstehen als „seine Privatangelegenheiten", vgl. hierzu Wenham, Gordon J.: Genesis 16-50, Dallas 1994 (= Word Biblical Commentary, Bd. 2), S. 374.

Als gut aussehender junger Mann zog Joseph nach einiger Zeit die Blicke der Frau des Potiphar auf sich; ihre Forderung, mit ihr zu schlafen, wies er jedoch strikt ab: 'Du siehst doch, mein Herr kümmert sich, wenn ich da bin, um nichts im Haus; alles, was ihm gehört, hat er mir anvertraut. Er ist in diesem Haus nicht größer als ich und er hat mir nichts vorenthalten als nur dich, denn du bist seine Frau.' Joseph schließt seine Ablehnung mit dem Argument, dass er 'großes Unrecht' begehen und 'gegen Gott sündigen' würde, gehe er auf die Avancen ein. Nachdem auch ihre an den folgenden Tagen mehrfach wiederholte Forderung, 'bei ihr zu schlafen und ihr zu Willen zu sein', bei Joseph kein Gehör fand, packte sie ihn eines Tages, als nur sie beide sich im Haus befanden, an seinem Gewand und sagte erneut, er solle mit ihr schlafen. Joseph riss sich von ihr los, verlor dabei aber sein Gewand und lief nackt hinaus. Potiphars Frau rief daraufhin die Hausbediensteten herbei und sagte zu ihnen, Potiphar habe ihnen 'einen Hebräer ins Haus gebracht, der seinen Mutwillen' mit ihnen treibe; er sei zu ihr gekommen und habe mit ihr schlafen wollen, da habe sie laut geschrien. Joseph habe dann sein Gewand bei ihr liegen lassen und sei 'ins Freie' geflohen.[75]

Auch Potiphar erzählte sie ihre Version der Ereignisse, mit Josephs Gewand als Beweisstück: 'Der hebräische Sklave, den du uns gebracht hast, ist zu mir gekommen, um mit mir seinen Mutwillen zu treiben. Als ich laut aufschrie und rief, ließ er sein Gewand bei mir liegen und lief hinaus', und weiter: 'So hat es dein Sklave mit mir getrieben!' Darüber im Zorn, ließ Potiphar Joseph sogleich zu den Gefangenen des Pharao ins Gefängnis werfen.[76]

Mit dem Einschub 'Der Herr [im hebräischen Original: JHWH[77]] war mit Joseph und so glückte ihm alles' in Vers 2 und

---

[75]   Gen 39, 6-15.

[76]   Gen 39, 16-20.

[77]   Der Eigenname des Gottes Israels, JHWH, wird innerhalb der Josephserzählung einzig in Genesis 39 gebraucht; sonst wird immer die allgemeine Gottesbezeichnung 'elohim verwendet, mit der auch die Götter anderer Völker benannt werden.

der in Vers 6 beschriebenen blendenden Schönheit Josephs ('Joseph war schön von Gestalt und Aussehen'), welche ihn neben seiner Mutter Rachel zur einzigen alttestamentlichen Figur macht, die über dieses gedoppelte Attribut verfügt, ist vom Erzähler eine eindeutige Leseperspektive eröffnet:[78]

> Diesem Knaben hatte Gott offenbar alles in die Wiege gelegt, was einem Mann zum Glück gereicht. Er war das Lieblingskind seines Vaters, ein kühner Träumer und nun auch noch ein schöner Mensch, der Glück bei den Frauen hatte. [...] Was allerdings Josefs Weg von einer ungebrochenen Erfolgsstory unterschied, das war eben der merkwürdige Umstand, dass in jedem Glück bereits der Keim zum Unglück steckte.[79]

So wurde Josephs Weg geradezu von seiner Auserwähltheit erschwert: Als Lieblingssohn Jakobs hatte er den Hass seiner Halbbrüder auf sich gezogen, seine ambitionierten Träume hatten ihm einen „brutalen Anschlag auf Leib und Leben" eingebracht. Durch seine gehobene Stellung als Hausverwalter Potiphars, jenes hohen und einflussreichen Beamten des Pharao, der ihn ismaelitischen Sklavenhändlern abgekauft hatte, und ebenso durch seine Schönheit erregte er die Aufmerksamkeit und die „ständigen Nachstellungen seiner Herrin" – schön zu sein bedeutete also „nicht nur Auszeichnung und Ideal, sondern auch Verhängnis und Gefahr".[80] Nachdem Joseph der ersten Aufforderung seiner Herrin, mit ihr zu schlafen, nicht nachkommt, versucht sie jeden Tag aufs Neue, ihn zu verführen, doch Joseph weist die auf ihn gerichtete Begehrlichkeit mit sowohl ethischen als auch theologischen Argumenten

---

[78] Es sollte wohl von vornherein klargestellt sein, dass Josephs Aufstieg in Ägypten allein vom Gott Israels und von keinem anderen ermöglicht wurde.

Vgl. Wenham: Genesis 16-50, S. 274 sowie Lux, Rüdiger: Josef. Der Auserwählte unter seinen Brüdern, Leipzig 2001, S. 95.

[79] Ebda., S. 99f.

[80] Vgl. Soggin, J. Alberto: Das Buch Genesis. Kommentar, Darmstadt 1997, S 460 sowie Lux: Josef, S. 100.

standhaft zurück,[81] an Einsicht und Vernunft seines Gegenübers appellierend.

Hierin wird die Jugendlichkeit Josephs erkennbar, deren Sittlichkeit und Religiosität von jener sophistischen (weisheitlichen) Erziehung geprägt ist, die den jungen Männern seiner Zeit einschärfte, „sich dem Liebeswerben der fremden und verheirateten Frau zu entziehen". Diese Warnung vor der fremden Frau, mehrfach im Buch der Sprichwörter formuliert (Spr 2,16-19; 5,1-23; 6,23-25; 7,5-21), sowie das Gebot JHWHs aus Ex 20,14 ('Du sollst nicht die Ehe brechen', siehe auch Lev 20,10 und Dt 5,18), sind für Joseph bindend.[82] Erstaunlich vordergründig sind die welthaften Züge der weisheitlichen Sentenzen, so dass „nichts Natürliches, nichts Menschliches [...] Joseph fremd" ist, „und sinnenhafte Reize kennt der sensible Knabe sogar mehr als andere. Was ihn vor diesen auszeichnet, ist das Geheimnis Gottes, das ihn umgibt."[83]

Die Verschmähte rächt sich nun auf außerordentlich perfide und raffinierte Weise: Sie nimmt das eines Tages leere Haus zur Gelegenheit für einen erneuten Versuch, Joseph für sich zu gewinnen und packt ihn an seinem Gewand; Joseph jedoch flieht, das Gewand in ihren Händen lassend – ein willkommenes *corpus delicti*[84] –, nach draußen. Jetzt dreht Potiphars Frau den Spieß um: Zuerst vor den herbeigerufenen Hausangestellten, dann vor ihrem Mann betont sie ausdrücklich, dass sie laut aufgeschrieen und gerufen habe, denn nach Dt 22, 24-27 ist das Schreien einer Frau „ein Beweis, dass sie sich gegen die Vergewaltigung gewehrt hat", dies allerdings nur dann, wenn es während des Übergriffes erfolgt ist.

---

81   Vgl. Wenham: Genesis 16-50, S. 377.
82   Vgl. Lux: Josef, S. 100f.
83   Scheier, Helmut: Der biblische Joseph – eine Ballettgestalt, in: Fünfte Hamburger Ballett-Tage (1979), S. 154.
84   Lux weist auf die Motivparallele zu Gen 37,30-33 hin, als mit Josephs Kleid der Angriff eines wilden Tieres vorgetäuscht wurde. In beiden Fällen wurden mit dem zurückgelassenen Kleid diejenigen getäuscht, die Joseph besonders liebten und ihm vertrauten: Jakob in Kapitel 37, Potiphar in Kapitel 39.

Im vorliegenden Fall hätte nach Vers 11 niemand etwas Derartiges hören können ('Niemand vom Hausgesinde war anwesend'), und sie ruft die Bediensteten erst nach Josephs Flucht herbei und „sucht ihnen einzureden, sie habe geschrieen" (Vers 14-16).[85]

Wie beiläufig spielt der Erzähler an dieser Stelle die „kühle Distanz" ein, die Potiphars Frau ihrem Mann entgegenbringt: Sie unterstreicht, dass ‚er', Potiphar, den Hebräer in ihr Haus gebracht habe (Vers 14) und schiebt ihm so „eine erhebliche Mitverantwortung an dem vorgetäuschten Geschehen" zu. Potiphars Frau geht dann in ihrer Verleumdung noch einen Schritt weiter, indem sie die nationalistische Dimension hinzufügt. Auch in Vers 17, gegenüber Potiphar selbst, stellt sie heraus: ‚Der *hebräische* Sklave, den du uns gebracht hast, ist zu mir gekommen, um mit mir seinen Mutwillen zu treiben.' Nach bekanntem Muster wird der Fremde als Wüstling diffamiert, „der sich an den hilflosen einheimischen Frauen" vergreife, und zugleich wird Potiphar als Käufer des Sklaven Joseph in ihre Anklage mit einbezogen. Die Täuschende täuscht nicht zuletzt sich selbst, indem sie, die Täterin, sich „zum Opfer eines Männerkomplotts" erklärt: Hätte Potiphar den Sklaven Joseph nicht ins Haus gebracht, wäre das alles nicht geschehen. Potiphar befindet sich nun in misslicher Lage und ist zum Handeln gezwungen, und es ‚[packt] ihn der Zorn' (Vers 19) – ein Zorn, der wohl nicht ausschließlich Joseph gilt, sondern „auch der verleumderischen Frau, die ihn zu Unrecht mit so schweren Vorwürfen" belegt. Ohne seinen Hausverwalter in der Sache zu Wort kommen zu lassen, lässt Potiphar ihn ins Gefängnis werfen, wodurch „der Begehrte erneut zum Verstoßenen" wird.[86]

Wie Wenham trefflich resümiert, ist die Geschichte der verschmähten Frau, die sich am standhaft gebliebenen Manne rächt, universaler Natur, träten doch derlei Situationen in jeder Generation einer jeden Gesellschaft auf. Wenngleich im Buch Ge-

---

[85] Vgl. Jacob, Benno: Das Buch Genesis, Stuttgart 2000, S. 730f.

[86] Vgl. Lux: Josef, S. 103-105.

nesis die Stärken und Schwächen beider Geschlechter außergewöhnlich ausgeglichen beschrieben seien, sei Joseph hier zweifelsohne als Modell des weisen, gottesfürchtigen Mannes porträtiert, dessen Loyalität und Zuverlässigkeit durch nichts außer Kraft gesetzt werden könnten; Potiphars Frau dagegen firmiere als Beispiel der fremden Frau von zweifelhafter Moral.[87]

Erst als Joseph Potiphars Frau endgültig zurückweist und, von ihr denunziert, ins Gefängnis kommt, „verliert er seine Eitelkeit. Nur allmählich wird ihm seine Berufung bewusst, durch Klugheit und weltmännische Weisheit Böses in Gutes zu verwandeln und Gott zu seinem Sieg zu verhelfen".[88]

2.3 Das Libretto des Autorenduos Hofmannsthal und Graf Kessler

Die kompositorischen Mittel Veroneses – nicht nur diejenigen der *Hochzeit zu Kana* – sollten nun auch die übrigen Autoren des Ballettprojektes inspirieren. Bei der Wahl des Sujets verständigten sich Diaghilew und Hofmannsthal – in Abwesenheit Kesslers – schließlich auf einen biblischen Stoff, und bereits einen Tag später, am 6. Juni 1912, legte Hofmannsthal Kessler sein *Joseph*-Szenario vor. Den großformatigen Bildaufbau Veroneses, die „oft glühende Farbigkeit" sowie die „bühnenhafte Gebärdensprache der Figuren" machten sich die beiden nun, „entsprechend transformiert", zu eigen.[89]

---

[87] Vgl. Wenham: Genesis 16-50, S. 377f. – Des Öfteren ist auf die Parallelen zum ägyptischen „Brüdermärchen" aus dem späten 13. Jahrhundert v. Chr. hingewiesen worden; auch im Koran ist Joseph eine eigene, die 12. Sure gewidmet, die nachweislich sowohl in der jüdischen als auch in der christlichen Tradition dieser Figur steht, vgl. Lux: Josef, S. 275-280.

[88] Vgl. Scheier: Der biblische Joseph, S. 155.

[89] Vgl. Oberzaucher-Schüller: Rückwärtsgewandte Spiegelungen, S. 28 sowie Schüller, Gunhild: Fokin: La Légende de Joseph, S. 252 sowie Barzantny: Harry

Für sein Ballettlibretto entnahm das Autorenduo Hofmannsthal/Kessler der alttestamentlichen Geschichte einige zentrale Motive zur freien Bearbeitung und kompilierte sie zu einem bemerkenswert schlichten Handlungsverlauf. Der „scharfe Kontrast zwischen dem einfachen Leben des Wanderhirten und dem Königshof eines fremden, großen Reiches" prägt das Libretto ebenso wie das „Erzählmotiv der begehrenden, verschmähten Frau und ihrer Rache". Weitere bestimmende Momente bilden das „Mitsein Jahwes" mit dem in die Tradition seiner Väter eingebundenen Joseph sowie dessen Schönheit als Zeichen dafür, „das Motiv der Träume[90] und das des Gewandes". Nach den auf Benois zurückgehenden Ausstattungsvorgaben Diaghilews transponierte man die Handlung in die venezianische Renaissance, wie auch schon die Maler dieser Epoche es mit biblischen Stoffen getan hatten (s. o.). Begründet wurde dieser Anachronismus von Hofmannsthal und Kessler mit der „Absicht, durch die Loslösung aus dem historischen Kontext" die „Aufmerksamkeit des Zuschauers auf das ewig Menschliche, das in dieser Geschichte erzählt wird, zu konzentrieren" – nicht jeden, der später eine Aufführung der *Josephslegende* erlebte, vermochte diese Idee jedoch zu überzeugen.[91] (Eugen Schmitz etwa machte Hofmannsthal den Vorwurf der Unehrlichkeit und den einer gesuchten, nachträglichen Rechtfertigung für den übermäßigen Prunk des Bühnenbildes.[92])

Den Anforderungen eines Balletts entsprechend, ist der Personenkanon gegenüber der biblischen Vorlage um mehrere Figuren erweitert; so listet das Libretto die folgenden auf:

---

[90] Graf Kessler und das Theater, S. 169f.
Gen 37,5-11 und 41, 1-36.

[91] Vgl. Barzantny: Harry Graf Kessler und das Theater, S. 170f. sowie das Vorwort Hofmannsthal zum Libretto, siehe Kessler, Harry Graf/ Hofmannsthal, Hugo von: Josephs Legende, Paris 1914, S. 11 und Kessler: Die Handlung der Josephslegende, in: ebda., S. 13-26.

[92] Vgl. Schmitz, Eugen: Die *Josephslegende* von Richard Strauss, in: Hochland, 11 (1914), S. 617-624.

„POTIPHAR. / POTIPHARS WEIB. / Deren LIEBLINGS-SKLAVIN. / Potiphars GÄSTE. / Potiphars Hausmeister. / Potiphars Diener, Leibwachen und Sklavinnen. / Ein SHEIK. / Dessen acht Begleiter. / Sein junger Diener. / Drei VERSCHLEIERTE. / Drei UNVERSCHLEIERTE. / Dienerinnen der Verschleierten. / Zwei Aufseher. / SULAMITH, eine Tänzerin. / Sechs BOXER. / Deren Begleiter. / JOSEPH, ein fünfzehnjähriger Hirtenknabe. / Sechs Knaben, seine Spielkameraden. / Henkersknechte des Potiphar. / Ein männlicher ganz in Gold gewappneter ERZENGEL."[93]

Dieses Personenverzeichnis deutet bereits auf eine zentrale Abweichung von Genesis 39 hin – wo die Liste der Personen lediglich Potiphar und seine Frau sowie Joseph und die übrigen Hausbediensteten umfasst –, während Handlungsbeginn und –verlauf gegenüber der biblischen Vorlage gestrafft sind.

Die Szenerie der *Josephslegende,* zunächst mit *Joseph in Ägypten,* dann mit *Josephs Legende* überschrieben, ist in Potiphars Palast angesiedelt, doch erst nach dem Orchestervorspiel gibt der reich gemusterte Vorhang den Blick auf dessen prunkvoll ausgestattete Säulenhalle im Stil Palladios frei. Die Teppiche an der Wand unter einer im Bühnenhintergrund befindlichen Loggia werden bald hochgezogen, um die Sicht auf einen vergoldeten Bogengang mit einem Lager zu eröffnen, in dem Potiphar mit seiner Frau und seinem Hof ein luxuriöses Gastmahl feiert. Desinteressiert reagiert Potiphars Frau auf die Geschenke, die ihr einige Sklaven zu Füßen legen. Auch die folgenden ihr vom Sheik (Händler) angebotenen Lust- und Kostbarkeiten können in ihr keinerlei Emotion wecken, sei es der Tanz der Sulamith, die sich aus der sechsköpfigen Gruppe verschleierter und unverschleierter Mädchen gelöst hat, seien es die Ringkämpfe der Boxer (gemeint sind wohl türkische Faustkämpfer) oder die präsentierten Teppiche, das Geschmeide oder die weißen Windhunde. Auf ein Signal Potiphars

---

[93]   Kessler / Hofmannsthal: Josephs Legende, S. [9].

wird der Hirtenknabe Joseph hereingebracht, schlafend in einer Hängematte. Durch einen Beamten des Hausherrn geweckt, tanzt er – vom Geflüster der Anwesenden begleitet – ein zunächst Naivität und Unschuld versinnbildlichendes Solo und steckt mit Sprüngen gleichsam seinen Tanzraum ab, um dann seine Suche nach und sein Ringen um Gott auszudrücken. Nachdem er so eine nahezu ekstatische Verzückung erreicht hat, wird sein Tanz wieder ruhiger, und Joseph schließt in der Pose des einfachen Hirtenjungen; seine Ausstrahlung hat indessen die Tafelnden und insbesondere Potiphars Frau in den Bann geschlagen. Joseph wird gekauft, und als die Nacht anbricht, beendet Potiphar das Fest, die Gäste verlassen den Palast. Joseph dagegen lässt sich – nach einem Gebet – auf das ihm zugewiesene Lager nieder, um zu schlafen. Die Ballettmusik illustriert seinen Traum von einem schützenden Engel, als sich Potiphars Frau seinem Lager nähert, ihn verzückt betrachtet, berührt und küsst. Joseph, erschreckt aufgesprungen, will sich der leidenschaftlichen Avance seiner Herrin entziehen, verliert dabei aber seinen Mantel und steht nackt vor ihr. Vor den hinzukommenden Wachen und vor ihrem Mann bezichtigt sie Joseph daraufhin der versuchten Vergewaltigung. Im Zorn ergeht der Befehl Potiphars, den Hirtenjungen in Ketten zu legen und seine Hinrichtung vorzubereiten, was Joseph gelassen mitverfolgt. Plötzlich gleitet in einem gleißenden Lichtstrahl ein Erzengel nieder, lässt Josephs Ketten durch einfache Berührung von ihm abfallen und verschwindet mit ihm, während Potiphars Frau sich mit ihrem Perlenschmuck erdrosselt: Josephs Apotheose „vollzieht sich parallel zum Freitod der Frau".[94]

Auf dieser schlichten Handlung fußte nun jene anspruchsvolle Konzeption der *Josephslegende*, die, so die Autoren, „die Tanzkunst auf eine neue Entwicklungsstufe führen" und deren Ge-

---

[94] Vgl. Kessler / Hofmannsthal: Josephs Legende sowie Barzantny: Harry Graf Kessler und das Theater, S. 171/178 und Schüller: Fokin: La Légende de Joseph, S. 253.

nese knapp zwei Jahre dauern sollte.[95] Hofmannsthal schreibt im Vorwort des Librettos:

> Habe ich durch das Ergreifen eines solchen Stoffes, durch den Einfall, ihn in der Art von Cartons des Veronese zu behandeln und ihn so in ein noch freieres Gebiet der Phantasie hinüberzuspielen, den Anstoss gegeben, dass die Kunst von Richard Strauss sich mit der von Leon Bakst begegnen und beiden das wundervolle Instrument des von Sergei Diaghilew geschaffenen Kunstkörpers dienstbar wird und in dieser Dienstbarkeit herrschend hervortritt, so werde ich mich des Hervorgerufenen bleibend freuen.[96]

So wie Hofmannsthal und Kessler sich in ihrem Handlungstext auf das Visuelle, auf Bewegungen und Gebärden beschränkten, um „mit choreographischen Mitteln eine volle Realisation der Idee, eine volle Versinnlichung des Geistig-Seelischen" zu geben, so musste der mit der Komposition der Ballettmusik beauftragte Strauss nun aus dieser Idee, „aus dem geistig-seelischen Eindruck jene innere Dynamik empfangen, welche seine schöpferische Gestaltungskraft in seiner Kunst für gerade dieses Werk" speisen sollte.[97] Als Orientierungshilfe für Richard Strauss und für den ursprünglich vorgesehenen Hauptdarsteller und Choreographen Vaslaw Nijinsky formulierte Kessler eine Zusammenfassung der Hand-lung, in welche er Charakterisierungen der Hauptfiguren integrierte. Die für Choreograph und Komponist gleichermaßen wichtigen Beschreibungen der Tanzfiguren innerhalb der einzelnen Szenen sind in den Handlungstext, d. h. in das Libretto eingefügt.[98]

---

[95] Vgl. Barzantny: Harry Graf Kessler und das Theater, S. 171.
[96] Vgl. Kessler/Hofmannsthal: Josephs Legende, S. 11f.
[97] Vgl. Tiessen, Heinz: Josephs Legende von Richard Strauss. Ein Führer durch das Werk, Paris 1914, S. IV.
[98] Vgl. Kessler/Hofmannsthal: Josephs Legende, S. 13-26.

Von dem Verleger Adolf Fürstner erhielt Hugo von Hofmannsthal bereits Anfang Dezember 1912 einen Vertragsentwurf für die *Josephslegende*, in dem auch einige das Textbuch betreffende Paragraphen zu finden waren. Die Veröffentlichung eines solchen lehnte er jedoch ab, da es „keinen Text eines Balletts" gebe, und ein „Ballett, das eines Textes" bedürfe, „wäre verfehlt und die Publikation eines solchen Textbuches" würde ihm „ m i t R e c h t sehr übelgenommen werden[...]" – die Bedenken des Librettisten verhallten ungehört, das Textbuch wurde publiziert.[99]

2.4 Richard Strauss' Ballettmusik (op. 63)

Als erster bedeutender deutscher Komponist seit Ludwig van Beethoven wandte sich Richard Strauss (1864-1949) wieder dem Ballett zu – sein bereits um die Jahrhundertwende konzipiertes Ballett *Kythere* war leider nicht zustande gekommen, in der 1905 entstandenen Oper *Salome* hingegen hatte er bereits einmal, im *Tanz der sieben Schleier* und mithin „an einem dramatischen Höhepunkt", die Tanzkunst miteinbezogen. Doch erst nach einem Besuch des Berliner Gastspiels der *Ballets Russes* mochte er der Anregung Kesslers und Hofmannsthals, für dieselben ein Werk zu schaffen, Folge leisten.[100] Mit den Worten, er habe, „zusammen mit Kessler, dem eine wahrhaft produktive, speziell malerische Phantasie eigen" sei, „ein kurzes Ballett für die Russen gemacht, „Joseph in Ägypten'"[101], schickte Hofmannsthal Ende Juni 1912 den Handlungsentwurf an Richard Strauss, der den damit verbun-

---

[99] Vgl. Mueller von Asow, Erich H.: Richard Strauss. Thematisches Verzeichnis, 3 Bde., Bd. 2: Opus 60-86, Wien 1962, S. 643.

[100] Rebling, Eberhard: Ballett von A bis Z, Wilhelmshaven 1970, S. 226.

[101] Strauss, Richard / Hofmannsthal, Hugo von: Briefwechsel. Gesamtausgabe, hrsg. von Willi Schuh, Zürich 1964, S. 187.

denen Kompositionsauftrag als Zwischenarbeit nach der *Ariadne auf Naxos* und vor der *Frau ohne Schatten* begeistert annahm:[102]

> „[...] der ‚Joseph' ist ausgezeichnet: wird geschluckt! Habe schon zu skizzieren angefangen. Die Ausführungen des Grafen Kessler überzeugen mich zwar nicht ganz, aber sei's darum, ich werde um die Klippe schon herumkommen, besonders wenn im Textbuch [...] der Charakter der Frau Potiphar genau bezeichnet wird."[103]

Nicht nur an Kesslers Erläuterungen jedoch, sondern auch an dem Arbeitstitel *Joseph in Ägypten* äußerte Strauss Kritik, denn so heiße „die bekannte, noch immer gegebene Oper von Méhul" – *Joseph bei Potiphar*, so sein Vorschlag, eigne sich besser als Überschrift eines neuen Werkes für die *Ballets Russes*. Nachdem die ersten Szenen des *Joseph* Strauss rasch inspiriert hatten, geriet seine weitere Kompositionsarbeit bereits im September 1912 ins Stocken; der *Joseph* gehe ihm „nicht so schnell" von der Hand, wie er gedacht habe:[104]

> Der keusche Joseph selbst liegt mir nicht recht, und was mich mopst, dazu finde ich schwer Musik. So ein Joseph, der Gott sucht, – dazu muss ich mich höllisch zwingen. Na, vielleicht liegt in irgendeiner atavistischen Blinddarmecke doch eine fromme Melodie für den braven Joseph.[105]

---

[102] Vgl. Kralik, Heinrich: Richard Strauss. Weltbürger der Musik, Wien 1963, S. 199 sowie Strauss / Hofmannsthal: Briefwechsel, S. 190.

[103] Strauss / Hofmannsthal: Briefwechsel, S. 190.

[104] Ebda. sowie Kralik: Richard Strauss, S. 199.

[105] Strauss / Hofmannsthal: Briefwechsel, S. 198.

Betroffen von dieser Nachricht des Komponisten, empfahl ihm Hofmannsthal schon zwei Tage darauf, die Musik für die Figur des Joseph „nicht in einem atavistischen Schnörkel des Blinddarms, sondern in der reinsten Region [seines] Gehirns zu suchen" und suchte ihn durch eine eingehende Charakterschilderung neu für die Arbeit zu motivieren.[106] Die im Dezember 1912 gegebenen Musikproben aus der Themenskizze Strauss' zeigten dem Dichter in noch höherem Maße, „dass Strauss bei dieser Arbeit an einem kritischen Punkt angelangt war". Zutiefst enttäuscht war Hofmannsthal vor allem von der dem Joseph zugewiesenen Thematik, die er in Charakter und Stil als verfehlt ansah. Die Themen wirkten auf ihn „kostümiert, frisiert, pastoral, *unmöglich* für diese Welt, tödlich erkältend", und auch Nijinsky habe nachdrücklich darum gebeten, „ihm für dieses Springen vor Gott, welches ein Ringen um Gott ist –, die gelösteste, die untanzmäßigste, die Nur-Straussische Musik von der Welt hinzusetzen".[107]

Obwohl Strauss den ernsten Rat seines Freundes Hofmannsthal nicht leicht und die Kritik gut aufnahm, war damit der im Innern gehegte Widerstand gegen das Ballettprojekt noch nicht überwunden; erst nach einem halben Jahr, in dem die Arbeit liegen geblieben war, versuchte sich Strauss erneut an der Themenfindung für den Joseph, den auch Kessler ihm auf nahezu jede erdenkliche Weise schmackhaft machen wollte.[108] Im Juli 1913 schließlich erhielt Hofmannsthal „aus regnerischer Almeneinöde" die Mitteilung von Strauss, dieser habe „nun doch glücklich Josephs Tanz fertig skizziert" und hoffe, dass „die Sache nun rüstig weiterschreite und bis zum Herbst in der Klavierskizze und bis Frühjahr 1914 in Partitur vollendet sei"[109]. Herbeigeführt wurde dieser Umschwung offenbar durch die ausgesprochen bildhaft formulierten Motivations- bzw. Erklärungsschreiben der Librettisten

---

106 Strauss / Hofmannsthal: Briefwechsel, S. 199.

107 Vgl. Kralik: Richard Strauss, S. 200 sowie Strauss / Hofmannsthal: Briefwechsel, S. 205-207.

108 Vgl. Kralik: Richard Strauss, S. 200.

109 Strauss / Hofmannsthal: Briefwechsel, S. 239.

an Strauss, der daraus erkannte, dass es nicht etwa galt, „die biblische Geschichte vom keuschen Joseph, nicht eine fromme Legende
vom himmlischen Sieg der Tugend über das Laster und [...] die
unmittelbare Naivität eines weltentrückten Gottsuchens" tonmale-
risch darzustellen, sondern dass es darum ging, das musikalische
Pendant zu jenem prunkvollen Renaissancegemälde Veroneses zu
finden, das die biblische Erzählung ebenso zum Gegenstand hat
wie „die Legende und das Gottsuchen".[110]

Die erste, von Strauss selbst dirigierte Probe der *Josephslegende* eine Woche vor der Uraufführung am 14. Mai 1914 im
Théâtre National de l'Opéra in Paris, geriet zu einer enthusiasti-
schen Szene:

> Die Orchestermitglieder unterbrachen ihre Arbeit spontan drei-
> mal und jubelten Richard Strauss zu. Der Komponist bedankte
> sich mit den Worten: ‚Wenn ein neues Werk von Musikern sol-
> chen Beifall erhält, so ist sein Erfolg auch beim Publikum ge-
> wiß.' [...] ‚Ich will das Ballett reformieren, es zum Musikdrama
> ohne Worte entwickeln', sagte Richard Strauss.[111]

An anderer Stelle ließ der Komponist vernehmen, er habe die
Josephslegende, sein Op. 63, „aus einem Impuls heraus" geschrieben, wie auch seine anderen Werke, „ohne nach irgendeinem Stil
zu suchen". Vielmehr habe er „immer nur den Stil" erstrebt, „der
sich dem inneren Wesen des Werkes am besten" anpasse, denn
seiner Überzeugung nach müsse „jedes Werk in einer anderen
Sprache geschrieben sein und eigens für es gemachtes Kleid tragen" – man solle „in der Kunst nicht vorgefaßte ästhetische An-
sichten haben".[112] Der Orchesterstil der *Josephslegende* – in

---

[110] Vgl. Kralik: Richard Strauss, S. 200f.
[111] Trenner, Franz: Richard Strauss. Dokumente seines Lebens und Schaffens,
       München 1954, S. 159f.
[112] Ebda., S. 160.

stilistischer Hinsicht handelt es sich keinesfalls um eine ‚Legende‘ wie etwa die *Elisabeth* von Franz Liszt eine ist[113] – stellt schon durch die Zusammensetzung des Klangkörpers ein Kuriosum dar: die Streichergruppen werden einzeln eingeführt, die Holzbläser vermehrt, dem Schlagwerk Souveränität verliehen, die Celestas und Harfen vervielfacht und schließlich noch Klavier und Orgel als Klangfüller eingesetzt. Auch die Instrumentalmischungen sind im Vergleich zu anderen Werken Strauss’ häufig überraschend und unterscheiden sich „im Spezifischen des Orchesterkolorits von allen andren“.[114]

Wie in der textlichen Vorlage der Ballettpantomime vorgesehen, wird der Gegensätzlichkeit der beiden Hauptfiguren – Joseph und Potiphars Frau – auch im Motivisch-Melodischen Rechnung getragen. Als Joseph in der goldenen Hängematte herein getragen wird, erklingt „ein bukolisch einfaches, unschuldshelles Thema“, aus einem Dreiklang und einer Skala gebildet, verbunden mit einem zweiten, schwebenden, „quintig glitzernden“ Thema, das – wie sich aus späteren Zusammenhängen schließen lässt – symbolhaft für das Himmlische, die Unberührtheit und die Gottgefälligkeit des Hirtenknaben eintritt (Notenbeispiel 1).[115] Josephs darauf folgender Tanz entfaltet sich in vier Tanzfiguren:

> Die erste Tanzfigur drückt die Unschuld und Naivität des Hirtenknaben Joseph aus. [...] Dazwischen macht er vier Sprünge nach den vier Windrichtungen hin und steckt damit gewissermaßen den Raum ab, in dem sich die nächste Tanzfigur abspielen soll. Dritte Tanzfigur: Drückt das Suchen und Ringen nach Gott aus, dazwischen einzelne Momente der Verzweiflung. [...] Vierte

---

113   Vgl. Krause, Ernst: Richard Strauss. Der letzte Romantiker, München 1963, S. 430-433 sowie Tiessen: Josephs Legende von Richard Strauss, S. [1].

114   Vgl. Specht, Richard: Richard Strauss und sein Werk, 2 Bde., Bd. 2: Der Vokalkomponist. Der Dramatiker, Leipzig 1921, S. 328.

115   Vgl. Specht: Richard Strauss und sein Werk, S. 335.

Tanzfigur: Joseph hat Gott gefunden: seine Bewegungen sind jetzt eine Verherrlichung Gottes. [...][116]

Die Musik zu diesem Tanz Josephs – einem der ausgedehntesten Soli der Ballettliteratur – ist in seiner Klarheit hell, aber ohne Substanz; das blendende C-Dur der dritten, auf merkwürdige Weise menuettartig anmutenden Tanzfigur verwundert durch die trotzig-muntere Gebundenheit des Satzes, der „in starkem Widerspruch zu dem verzweifelten Ringen nach dem noch Unerreichbaren zu stehen scheint, das diese Musik [...] aussprechen soll" (Notenbeispiel 2).[117]

Das Hauptthema seiner Herrin konstituiert sich dagegen aus mehreren schroff und abweisend nebeneinander stehenden Akkorden (d-moll, es-moll, E-Dur, g-moll, fis- und f-Moll, Des-Dur), „eisig, hochmütig, grausam brütend wie sie selbst" und darüber hinaus „das Abschweifende der Gedanken, die Unnahbarkeit und Starre des Wesens prachtvoll symbolisierend"[118] (Notenbeispiel 3).

Jedoch wird Potiphars Frau im Laufe ihres inneren Konfliktes um den verführerischen Hirtenknaben ihre Ausgeglichenheit, Sättigung und Abgeschlossenheit entrissen, „s i e wird die sich bewegende, schwankende, ringende, e r bleibt der ruhende, nie schwankende, sichere, klare".[119] Die für die Handlung so zentrale Verführungsszene wird schon in jener kurzen Szene vorbereitet, als Potiphars Frau Joseph nach Beendigung seines Tanzes heranwinkt und erschaudert, da zwei Mulatten von ihm Besitz zu nehmen scheinen, bevor er zu ihr gelangt. Ein einziges Motiv transportiert „eine unreine Sehnsucht, ein Ahnen der Wollust an

---

[116]   Strauss, Richard: Josephs Legende. Handlung in einem Aufzuge von Harry Graf Kessler und Hugo von Hofmannsthal, Op. 63. Studienpartitur, Wien 1996, S. 82-142 bzw. Kessler / Hofmannsthal: Josephs Legende, S. 43-45.
[117]   Vgl. Specht: Richard Strauss und sein Werk, S. 335.
[118]   Vgl. Specht: Richard Strauss und sein Werk, S. 334.
[119]   Vgl. Tiessen: Josephs Legende von Richard Strauss, S. XII.

unberührter Jugend" und irgendwo auch einen stechenden „Schmerz im Gefühl der eigenen, brandig gewordenen Seele"[120] (Notenbeispiel 4).

Als Joseph sich nach dem Ende des Gastmahls zur Andacht sammelt, erklingt noch einmal sein Thema in Variation, um dann über ein Gebetsthema überzuleiten zum Motiv des ihm im Traum erscheinenden Engels, gebildet aus hellen, schwebenden Triolen. Nun tritt Potiphars Frau an Josephs Lager, um den Schlafenden zu betrachten, untermalt von einem aufgewühlten und doch leisen, ziehenden Thema, in dem sich Elemente ihres Sehnsuchtsmotivs „im Hervorbrechen ihres vorher kaum geahnten Lustverlangens" ächzend hervortun (Notenbeispiel 5).[121]

Die Frau „leuchtet ihm einen Augenblick ins Gesicht und legt dann die linke Hand auf seinen entblößten Hals […]. Beim Berühren schaudert sie zusammen und löscht schnell die Lampe, wie um die Unschuld des Knaben nicht zu sehen"[122]. Die Symphonik der Szene pulsiert wild und leidenschaftlich lüstern, bis Joseph erwacht und seinen Mantel um sich raffend aufspringt; die Frau zerrt an seinem Mantel, um sein Gesicht zu sehen, wozu die gleiche obszöne Musik ertönt wie zur Entschleierung der verhüllten Tänzerinnen[123] zu Beginn des Gastmahls. Joseph steht nun nackt vor ihr, dabei „herb und knabenhaft unerbittlich", wie es im Libretto heißt.[124]

Die Symphonik zu dieser Szene der Verführung und ihrer standhaften Ablehnung wird von den Themen Josephs, der Frau Potiphars und dem der Verführung bzw. des Verlangens (Noten-

---

120   Vgl. Specht: Richard Strauss und sein Werk, S. 336f. sowie Strauss: Josephs Legende, S. 142-144.

121   Ebda., S. 337.

122   Strauss: Josephs Legende, S. 183 bzw. Hofmannsthal/Kessler: Josephs Legende, S. 52.

123   Vgl. Hofmannsthal/Kessler: Josephs Legende, S. 33-37.

124   Ebda., S. 54f. sowie Specht: Richard Strauss und sein Werk, S. 337.

beispiel 6) dominiert, und auch ein Motiv der Verachtung Josephs gegenüber der Frau findet Eingang in die Gesamtheit der musikalischen Interpretation der Szene. Später, als die Frau Joseph vor den hinzu gekommenen Dienern und Sklavinnen anzeigt und ihren Mann Potiphar küsst, erscheint das Verführungsthema noch einmal – ein geistreiches Detail. Die Motive des Finales, d. h. „die Gestaltung des Überirdischen, des aufleuchtenden Sterns, des heran fliegenden Erzengels, der Befreiung und Entführung Josephs" an der Hand des Erzengels ins Licht empor gipfeln in einer „von Fanfaren der Himmelsscharen" überdröhnten „Apotheose in Tönen" (Notenbeispiel 7).[125]

Nicht nur in der Musik zu dieser Szene werden die Schwächen der Komposition deutlich: Die gesamte Partitur schwelgt in pompösen Ornamenten und ist doch zugleich außergewöhnlich tänzerisch, wie man, von der choreographischen Warte aus betrachtet, einräumen muss. Getreu seiner Maxime, ein ‚Musikdrama ohne Worte' zu schaffen, bedient sich Strauss der Leitmotivtechnik, wobei er jedoch hier, in der *Josephslegende*, die übliche Veränderung, Umgestaltung und Umdeutung der einzelnen Motive weniger häufig vornimmt als in anderen Werken. Mit musikalischen Mitteln „malt Strauss den Kontrast zwischen der seelischen Reinheit des Gottsuchers und der Hysterie des liebeübersättigten Weibes vor dem Hintergrund einer kernfaulen Gesellschaft" und findet daneben instrumentale Assoziationen zum Mimischen und Stofflichen des Librettos wie dem Rieseln des Goldstaubs, zu den Windhunden und Boxern. Josephs Tanz mag „einen gewissen idyllischen Reiz" für sich beanspruchen, die „geistig-elementare Kraft der Musik" jedoch, die, „Fähigkeit, nicht nur zu schildern, sondern zu werten und zu analysieren", ist hier zurückgedämmt. So hat auch Hofmannsthal schon bald die „große Allüre", den Freskostil der Musik erkannt – im Seelischen bleibe sie viel schuldig.[126]

---

[125] Vgl. Specht: Richard Strauss und sein Werk, S. 338.
[126] Vgl. Krause: Richard Strauss, S. 432f.

2.5 Zwischen Statik und Ornament: Michel Fokines Choreographie

Choreograph Michel Fokine (1880-1942) und das Ensemble der *Ballets Russes* standen „etwas ratlos vor der Riesenpartitur" und sahen sich „von Klangwogen weggeschwemmt", waren sie doch an „Strawinskys motorische Rhythmik und karge Instrumentation" gewöhnt.[127] Fokine, nach 15 Monaten Abwesenheit zu den *Ballets Russes* zurückgekehrt, verband in seiner Interpretation des Stückes choreographische und mimetische Elemente, denn nach seiner Auffassung war Tanz weniger eine Sache der Bewegung in Raum und Zeit als vielmehr Ausdruck dramatischer Wahrheit, basierend auf der immensen Vielfalt menschlicher Erfahrungen innerhalb ihrer historischen und geographischen Gegebenheiten. So konzentrierte sich der russische Choreograph mehr auf die Inszenierung menschlicher Diversität als auf das Exotische, und es lag ihm viel an der Authentizität des Gefühls.[128]

Den Einfluss der amerikanischen Ausdruckstänzerin Isadora Duncan auf Fokines Werke hatte schon Diaghilew erkannt und diese Ansicht auch geäußert, womit Fokine aber lediglich insofern übereinstimmte, als er zwar Duncans Ideal der freien, natürlichen Bewegung des gesamten Körpers und ihren fließend-plastischen Tanzstil bewunderte, aber auf der grundsätzlichen Andersartigkeit seiner eigenen Arbeiten bestand. Er verwende, im Unterschied zu Duncan, nicht nur eine Art von Bewegung, sondern stilisiere komplexe Bewegungsabläufe wann immer sie ihm angemessen erschienen. Nicht zuletzt hatte er durch seine fundierte Ausbildung in St. Petersburg Kenntnis sowohl vom klassischen Tanz als auch von der Vielzahl nationaler Tanztraditionen. Er gestaltete seine Choreographien korrespondierend mit der Partitur, anstatt,

---

[127]   Vgl. Wilhelm, Kurt: Richard Strauss persönlich. Eine Bildbiographie, München 1984, S. 183.

[128]   Vgl. Harris, Dale: The Fokine Legacy. An appraisal of the influential choreographer's art on the centenary of his birth, in: Ballet News Bd. 2, Nr. 3 (1980), S. 30.

wie er bei Duncan den Eindruck hatte, die Tänzerinnen und Tänzer instinktiv auf die Musik antworten zu lassen, und schon gar nicht erlaubte er Improvisation. Nur ausgebildete, trainierte Tänzer könnten seine ästhetischen Ideen umsetzen.[129]

Während es zu Petipas Zeiten noch als selbstverständlich hingenommen wurde, dass pantomimisch umgesetzte Handlungseinheiten und reine Tanzszenen nebeneinander existierten, scheint dies seit Fokine, der „die völlige Integration beider" forderte, nicht mehr zumutbar. In Petipas Balletten entwickelte sich die Handlung in Abschnitten; er instrumentalisierte bald klassische Pantomime, bald Variationen und Ensembles mit rein tänzerischer Funktion bzw. allgemein psychischer oder handlungsmäßiger Situation, „die aber jedenfalls die Handlung selbst kaum" vorantreiben; der Vergleich mit den Rezitativen, Ensemble- und Arienformen der klassischen Oper drängt sich auf. Getanzte Variationen folgten intermezzoartig auf die pantomimisch dargestellten Handlungsabschnitte – eine choreographische Praxis, die beim Handlungsballett des 20. Jahrhunderts keine Anwendung mehr finden sollte:[130]

Seit Fokines 'Scheherazade', 'Feuervogel' und 'Petruschka' verlangen wir vom modernen Handlungsballett die völlige Durchdringung der handlungsmäßigen und tänzerischen Elemente: die tänzerische Auflösung der Handlung und die handlungsmäßige Anreicherung des Tanzes. Das ist nicht mehr und nicht weniger als die Wiedereinsetzung der Noverreschen Prinzipien.[131]

---

[129]   Vgl. Nelson, Karen: Briging Fokine to Light, in: Dance Research Journal 16/2 (1984), S. 6f.
[130]   Vgl. Koegler: Ballett international, S. 32.
[131]   Ebda.

Fokine revitalisierte gleichsam das reiche Material der klassischen Balletttradition, indem er ihm duncanesken Geist einflößte.[132] Ähnlich wie schon Jean Georges Noverre in seinen „Briefen über den Tanz" erklärte Fokine in seinem vielzitierten choreographischen Manifest für die englische *Times* 1914:[133]

1. Für jeden Einzelfall muß, statt daß man lediglich die bereits feststehenden und bewährten Schritte miteinander kombiniert, eine neue Bewegungsform gefunden werden, die dem Gegenstand, der Zeit und dem Charakter der Musik entspricht.

2. Solange Tanz und Musik kein Ausdrucksmittel der Handlung sind, haben sie im Ballett keinen Sinn.

3. Die konventionellen Bewegungen sind nur dann angebracht, wenn es der Stil des Balletts erfordert, die Bewegungen der Hände sind auf jeden Fall durch Bewegungen des ganzen Körpers zu ersetzen. Ein Tänzer kann und soll von den Händen bis zu den Füßen ausdrucksvoll sein.

4. Das Ensemble ist kein bloßes Ornament. Das neue Ballett geht von der Ausdruckskraft des Gesichts und der Hände zu der des ganzen Körpers über und von dieser zu einer Gruppe von Körpern: zu der Ausdruckskraft ihres gemeinsamen Tanzens.

5. Die Verbindung des Tanzes mit den anderen Künsten: das neue Ballett lehnt es ab, der Sklave des Bühnenbilds und der Musik zu sein und es erkennt die Zusammenarbeit der verschiedenen Künste nur unter der Voraussetzung ihrer vollkommenen Gleichberechtigung an.

---

[132] Vgl. Goldman, Debra: Mothers and Fathers. A View of Isadora and Fokine, in: Ballet Review 6/4 (1977/78), S. 33-43.

[133] Vgl. Koegler: Ballett international, S. 33.

Damit gibt es sowohl dem Musiker, wie auch den Büh-nenkünstlern ihre vollkommene Freiheit.[134]

Darüber hinaus wollte Fokine – anders als Marius Petipa mit seinen abendfüllenden, mehraktigen Balletten – dem Publikum einen fokussierteren Eindruck vermitteln und arbeitete daher mit auf Einakter reduzierten Libretti wie der *Josephslegende*. Wichtig war ihm ein einheitlicher Stil für seine Stücke; von Anfang bis Ende sollte die Choreographie mit der Musik und dem Bühnenbild eines Balletts in direkter Beziehung zu seinem Sujet und seinem Schauplatz stehen. Für die Choreographie bedeutete dies, peinlich genaue Bewegungen zu entwerfen, die mit der Handlung fortzu-schreiten und nicht, wie im klassischen Ballett, von einer virtuosen Nummer zur nächsten überzuleiten hatten. Fokine erwartete von seinen Tänzerinnen und Tänzern auf der einen Seite technische Meisterschaft, auf der anderen aber auch eine gewisse Natürlich-keit der Bewegungen, identifizierte er diese doch mit Expressivi-tät:[135]

> It was to this end that Fokine based his ballets on natural gestures idealized to highlight their psychological motivation. In fact, Fokine defined dance as 'the development and ideal of the sign.' That is, for Fokine, only movements which constituted interpre-table gestures could be considered dance.[136]

So mag es nicht verwundern, dass der große Balletthistoriker Cyril William Beaumont Fokines freieren natürlichen Stil und seine mi-metische Auffassung, der ganze Körper solle expressiv sein, als eine von zwei Kategorien mimischen Balletts neben der italieni-schen Schule einstuft, deren stilisiertes Gestenvokabular der Hände

---

134 Zitiert nach Liechtenhan: Vom Tanz zum Ballett, S. 93.
135 Vgl. Nelson: Bringing Fokine to Light, S. 7.
136 Ebda.

und Arme auf die griechische und römische Antike zurückgehe. Fokine ließ einige Ballettkonventionen hinter sich, indem er der Kunst der mimischen Darstellung einen höheren Stellenwert im Ballett einräumte und sie freier machte: „gestures could be, and had to be adapted more to the individual performer [...]."[137] Fokine trat also für einen Tanzstil ein, der starken Gebrauch von seiner Version interpretierender Bewegung machte, und er folgte ästhetischen Werten wie vor allem dem der Expressivität, aber auch solchen wie Natürlichkeit, Freude, Vitalität und stilistischer Konsistenz.[138]

Was nun die *Josephslegende* von 1914 anbetrifft, so hatte sich die Vorlage Hofmannsthals, Kesslers und Strauss' „als Hemmschuh für die Choreographie" erwiesen, denn das Geschehen auf der Bühne, effektvoll von der „üppig orchestrierten" und daher „überaus plastischen" Musik untermalt, „ließ kaum Raum für reine Tanznummern", und so glich Fokines Werk überwiegend „einem mimischen Spiel und stellte gegenüber den früheren Balletten, wie etwa dem *Feuervogel* oder *Petrouchka*, in ästhetischer Hinsicht einen Rückschritt dar".[139] Die Bewegungen wirkten mimisch überladen, und noch dazu war die Rolle der Frau des Potiphar von einer Sängerin (Paris: Maria Kussnetzowa, London: Tamara Karsawina) besetzt, die nicht tanzte. Die vielen dramatisch-pantomimischen Elemente im Duncanschen Sinne, die Fokine verwendete, lenkten vom klassischen Ballett als seinem Ausgangspunkt sehr ab.[140]

---

[137]   Vgl. Poesio, Giannandrea: Balletic Mime, in: Dancing Times 80/957 (1990), S. 895-897.

[138]   Vgl. Nelson: Bringing Fokine to Light, S. 8.

[139]   Vgl. Kieser, Klaus/Schneider, Katja: Reclams Ballettführer, Stuttgart 2002, S. 247-248.

[140]   Vgl. Strech, Marlies: Wenig Pomp, viel Tanz. Heinz Spoerli regeneriert in Zürich seine *Josephslegende*, in: Tanzjournal 03/3 (2003), S. 42f. sowie Rebling: Ballett von A bis Z, S. 227f.

Der Tanz der Verschleierten und Unverschleierten, ein Hoch-
zeitstanz, ist eher eine erotische Pantomime (laut Szenarium mit
betont wollüstigen Gebärden und wiegendem Körperrhythmus
auszuführen), in der nur der Liebestanz Sulamiths als echtes
Tanzsolo choreographiert ist. Auch die Rolle von Potiphars Weib
ist als ausdrucksintensive erotische Pantomime gedacht, wohin-
gegen die Rolle des Joseph durch Pantomime und Tanz gleichermaßen geformt ist.[141]

Betrachtet man die zentrale Szene von Josephs Tanz, mit welchem
das Suchen nach Gott dargestellt werden soll, so wirkt dessen Ausdrucksform „doch verwunderlich und befremdend und als vergeb-
licher Versuch der mimischen Darstellung solch eines inneren Vor-
ganges, auch wenn der Tänzer noch so hoch und sogar höher als
David vor der Bundeslade in alle vier Himmelsrichtungen springt".
Nicht minder sonderbar ist, so Specht über Strauss' Komposition
zu dieser Szene, „auch die Ausdehnung dieser vier Tanzsätze bei
geringem Wechsel der Thematik und Rhythmik", denn es würden
hohe Anforderungen an physische Ausdauer und mimisches Vokabular des Tänzers gestellt, der das Ganze durchhalten, auch ge-
stisch füllen und „der Anstrengung so langwierigen Tanzens ge-
wachsen sein" müsse.[142]

In der Figur des Joseph offenbart sich die Problematik
eines Unternehmens, von dessen konzeptuellem Sinn und Zweck
jeder der drei beteiligten Autoren – Hofmannsthal, Kessler und
Strauss – eine andere Auffassung vertrat und jeder einzelne dem
Choreographen Fokine dreinredete; die Erinnerungen des damals
erst achtzehnjährigen Moskauer Tänzers Leonide Massine, der den
Joseph in der Uraufführung verkörperte, versinnbildlichen jenes
Chaos der letzten Proben:[143]

---

[141]   Schüller: La Légende de Joseph, S. 253.

[142]   Vgl. Specht: Richard Strauss und sein Werk, S. 335f.

[143]   Vgl. Barzantny: Harry Graf Kessler und das Theater, S. 176.

Although the ballet was already in rehearsal, it seemed to me that the people chiefly concerned with the story were not clear about what they were trying to do. Von Hofmannsthal would explain [...] that he envisaged Joseph as a noble, untamed young savage in search of God, and said that this, and the young man's state of exaltation, must be implicit in his dance. Count Harry Kessler would then say [...] that though he agreed with von Hofmannsthal, we must also remember that we were interpreting something more than a biblical story, that the legend was symbolic of the struggle between good and evil, between inno-cence and experience. He stressed the dark, stifling atmosphere of Potiphar's court from which Joseph recoils, and the brilliance of the angel who is the source of light and deliverance. Often he would continue his argument until it ended up as a diatribe on the life of the spirit and its eternal conflict with the forces of evil, decandence and materialism. But both Kessler and Hofmannsthal were insistent that they wanted our interpretation to explore all these many facets of the subject.[144]

Einig waren sich die beiden Librettisten immerhin in der Frage der Apotheose Josephs am Ende des Stückes, mit welcher sie, so Hofmannsthal an Strauss, „das grandiose und unheimliche Grund-motiv von Strindbergs ganzem Lebenswerk" aufgreifen wollten, d. h. den „Kampf des Geniehaften, gesteigert Intellektuellen im Mann mit dem Bösen, Dummen der Frau, dem Herabziehen-Wollen, Verweichlichen-Wollen".[145] Das auf diese Weise psychologisch verdichtete Handlungsgewebe der *Josephslegende* zielte auf eine Erweiterung des Stoffkreises und der Ausdrucksmöglichkeit des Balletts sowie auf eine Sprengung des begrenzten „Korpus an kon-ventionellen Gesten der alten Tanzpantomime". Tanz und Schau-spielkunst sollten nicht länger voneinander abgegrenzt sein, jede Geste der Gebärde möglichst eng „mit der Musik verknüpft, zuwei-len leitmotivisch eingesetzt werden", auf dass beide dramatisch

---

[144]   Massine, Leonide: My Life in Ballet, London 1968, S. 56. - Massine hatte im März 1914 als Ensemblemitglied der *Ballets Russes* bei deren Berliner Gastspiel im Theater am Nollendorfplatz debütiert.

[145]   Vgl. Strauss/Hofmannsthal: Briefwechsel, S. 200.

ineinander verzahnt würden. Zwei Wochen vor der Uraufführung erläuterte Kessler in einem Interview mit der *Musical Times*:[146]

> Our object has been gestures that may be understood without reference to any convention: realistic and yet rhythmical passing through all stages of rhythm, from pure dance to the barely preceptible rhythm of impassioned acting. That kind of thing was available to the ancient Greek tragics, and Wagner met with it in one or two exceptional cases, with Niemann or Sucher for instance. But as in the present case language does not intervene, we have been obliged to conceive the acting somewhat differently. We have tried to create a new art proceeding in equal parts from music and from gesture associated in rhythm.[147]

Das konzeptuell schwer beladene Projekt der *Josephslegende* (Titel der Uraufführung: *La Légende de Joseph*) gelangte schließlich am 14. Mai 1914 zur Uraufführung und bescherte der Pariser Grand Opéra die höchste jemals erzielte Einnahme von 511.000 Francs – ein Erfolg, der wohl der von Diaghilew lancierten exzellenten Pressekampagne mit zu verdanken war. Auch Kessler war an den schon vorher kursierenden vielfältigen Informationen und Gerüchten nicht unbeteiligt, aufgrund derer die *Josephslegende* schon im Vorfeld ihrer Uraufführung „als *die* theatrale Sensation der Pariser Saison von 1914 gehandelt" wurde. Nicht nur die Pariser, auch die Berliner und Londoner Presse schürten durch die Publikation der Beiträge Kesslers und Diaghilews die Neugier auf das Werk, vor allem aber auf die Musik Richard Strauss' und auf den für europäische Bühnen noch unbekannten Leonide Massine. Dieses Vorgehen stellte sich jedoch als unklug heraus, denn die Erwartungen von Publikum und Presse wurden dadurch „ins Unermessliche gesteigert". Umso härter fielen die (deutschen) Kritiken aus.[148]

---

[146] Vgl. Barzantny: Harry Graf Kessler und das Theater, S. 178.

[147] Calvocoressi, Michel-Dimitry: Richard Strauss' *Legend of Joseph*, in: The Musical Times, 1. Mai 1914, S. 300f.

[148] Vgl. Barzantny: Harry Graf Kessler und das Theater, S. 182f. sowie Krause:

Bis der Krieg aus- und das internationale Europa zusammenbrach, hatten Diaghilew und seine *Ballets Russes* gerade noch Gelegenheit zu einem Gastspiel von sechs Aufführungen in London ab dem 23. Juni, dann jedoch fand niemand mehr „Zeit und Geschmack, sich um ein Ballett zu kümmern, das ganz Pracht, Luxus, Sinnenfreude war": die Erfolgskarriere der *Josephslegende* wurde durch den Krieg vorzeitig beendet.[149]

2.6   Pressestimmen

Wichtiger noch als der Glanz des Premierenabends als letztem großen Theaterfest vor Kriegsausbruch war, so Joseph Gregor, das „Datum als relativer Abschluss in der Geschichte des Balletts": Das Ballett sei im Grunde zur dramatischen Kunst der Pantomime zurückgekehrt, wie sie von Noverre propagiert, seitdem immer wieder versucht, aber bis dato „noch nicht mit der Treffsicherheit der 'Josephslegende' wieder erreicht" worden sei.[150] Strauss dirigierte in Paris wie in London selbst und war erfreut über den großen Erfolg hier wie dort, „obwohl im Juni dort eine antideutsche Stimmung ziemlich deutlich fühlbar war und mir der gute, immer in Geldnöten befindliche Diaghilew mein Dirigentenhonorar (6000 Goldfrancs) bis heute – schuldig blieb. Aber schön war es doch!"[151] So fand das Werk beim Publikum begeisterten Beifall (zehn Vorhänge für Strauss und Hofmannsthal), während die Feuilletons reichlich widersprüchlich reagierten; besonders ausführlich berichtete Romain Rolland über die Premiere:

Richard Strauss, S. 433. - Am Abend der UA wurden zuerst Fokines *Papillons* (Musik: R. Schumann) gegeben, als zweites die *Josephslegende* und zum Abschluss die bewährte *Schéhérazade*.

149   Vgl. Krause: Richard Strauss, S. 433 sowie Kralik: Richard Strauss, S. 202.

150   Vgl. Gregor: Kulturgeschichte des Balletts, S. 325.

151   Vgl. Deppisch, Walter: Richard Strauss in Selbstzeugnissen und Bilddokumenten, Reinbek 1968, S. 118.

La représentation de *Joseph* est la plus magnifique que j'aie jamais vue. Le décorateur, José-Maria Sert, le costumier Bakst, et le chorégraphe Fokine, y éclipsent d'ailleurs le musicien, encore que ce dernier se soit adapté à eux avec une souplesse de singe. Un décor de Noces de Cana, mais où la vision chrévénetienne a pris des proportions babyloniennes. Des costumes de Véronèse ou de Carpaccio, mais dont le coloris s'est exaspéré jusqu'au flamboiement, en passant par le ceveau d'artistes moscovites, à demi Orientaux. Un mélange de l'atmosphère de la Renaissance italienne, à celle de la barbarie scythe et des mirages persans. Une mise en scène si parfaite que le tissu de ce long acte [...] n'est troué par aucune interruption, aucune défaillance, même passagèrede l'action. Une harmonie absolue de la musique et des moindres gestes ou pas. – Au reste, cette musique m'a paru de qualité médiocre, docile, un peu plate, mais toujours amusante, et d'une belle substance orchestrale. [...][152]

Wie hier bei Rolland erwies sich die Beurteilung insbesondere der Musik wie die der Ausstattung im Kreise der fast ausnahmslos enttäuschten Kritiker als individuell zu beantwortende Geschmacksfrage; in der Straussliteratur hat sich bis heute ein zurückhaltender, ja herablassender Ton, wie beispielsweise bei Ernst Krause oder Fritz Gysi[153], eingebürgert. Vorherrschend ist dabei die Formulierung Richard Spechts, dass man es „nicht beschönigen" dürfe, dass „dieses mimische Drama [...] kein Geschenk der höchsten Stunde"[154] sei. Gewiss steht die Partitur zur *Josephslegende* in Strauss' Gesamtwerk nicht in vorderster Reihe, und auch nahmen Diaghilew und sein Ensemble „keinen fühlbaren Einfluss auf sein Schaffen". Strauss fand nicht durch den Russen seine kompositorische Orientierung und wurde auch nicht – wie Strawinsky – durch ihn berühmt. In seiner Begleitmusik manifestiert sich vielmehr, wie schon Joseph Gregor gezeigt hat, der barocke Theater-

---

[152] Tagebucheintrag vom 14.05.1914. Zitiert nach Mueller von Asow, Erich H.: Richard Strauss. Thematisches Verzeichnis, 3 Bde., Bd. 2: Opus 60-86, Wien 1962, S. 644f.

[153] Gysi, Fritz: Richard Strauss, Potsdam 1934, S. 116-120.

[154] Specht: Richard Strauss und sein Werk, S. 322.

sinn des Komponisten, so wie sich in ihr gleichermaßen „die leuchtende, funkelnde und gleichfalls unsagbar glanzvolle Gegenwart vor dem Krieg" spiegelt, die „jener hochgezüchteten Kultur, die sich hinter der protzigen Fassade des Wilhelminischen Deutschland barg".[155] Strauss meinte im Verhältnis zwischen Joseph und Potiphars Frau eine Parallele zu demjenigen zwischen Jochanaan und Salome zu erkennen und versuchte daher musikalisch auf seine Oper *Salome* von 1905 zu rekurrieren, was freilich nicht gelang.[156] Seine kompositorische Intention hinter seinem op. 63 beschrieb Strauss 1940 verstiegen:

> Ich wollte mit 'Josephs Legende' den Tanz erneuern. Den Tanz, so wie er, Mutter der heutigen Künste, gleichsam vermittelnd, zwischen ihnen steht. Den Tanz als Ausdruck des Dramatischen – aber nicht ausschließlich. Tanz in jener modernen Abart, in der er nur rhythmisierte oder paraphrasierte Handlung ist, führt uns leider oft allzuweit weg von jenem eigentlichen Kernwesen des richtigen, rein inspirativen, der Bewegung und der absoluten Schönheit geweihten Tanzes: des Balletts. D a s wollte ich verjüngen. Auf den Gedanken haben mich [...] zuerst die russischen Tänzer gebracht. Mein 'Joseph' enthält beide Elemente: Tanz als Drama und Tanz als - - - Tanz. Der reine Besitz des wirklich Nurgraziösen darf uns nicht verlorengehen, wie, ganz analog in der Musik neben dem Charakteristischen, Programmatischen und dem Elementaren nie die Linie des absolut Lieblichen zu kurz kommen darf. Das war, wenn man so will, meine Absicht mit 'Josephs-Legende'.[157]

Weitere 13 Jahre später war bei Sergej Grigoriew, dem Ballettmeister und Historiographen der *Ballets Russes* – aller vor- und

---

[155]   Vgl. Kralik: Richard Strauss, S. 203.

[156]   Vgl. Schüller: La Légende de Joseph, S. 254.

[157]   Zitiert nach Mueller von Asow, Erich H.: Richard Strauss. Thematisches Verzeichnis, 3 Bde., Bd. 2: Opus 60-86, Wien 1962, S. 634f.

nachgelieferten Konzepterläuterungen des Komponisten sowie der Librettisten ungeachtet – zu lesen:

> Unfortunately the latter [Josephslegende] failed to fulfil our expectations. Strauss's music, though interesting in itself, was not really suited to dancing; both the black and gold scene by Sert and the costumes by Bakst failed in some way to create the proper atmosphere; and Fokine had been hampered in his composition by the vagueness of the scenario, which resulted in an unconvincing plot. Massine was much liked, not so much for his performance as for his attractive looks; but Kuznetsova failed to make any great impression. However, in spite of all these shortcomings, this first night was a brilliant and memorable occasion. 'All Paris' was there: and interest in Diaghilev's Ballet was clearly as lively as ever.[158]

Für die internationalen Kritiker der ersten Stunde waren die Schuldigen am Scheitern des Stückes schnell ausgemacht: Die Librettisten seien dem „Missverständnis von Möglichkeiten und Grenzen des Balletts und des Mimodramas erlegen". Die bevorzugte Angriffsfläche stellte das Libretto dar, dessen in Kesslers *Vorrede* formulierten Intentionen als „choreographische Doktordissertation", „Terpsichore mit Gelehrtenbrille", „in Ästhetenretorte zurechtgebraute Kunstgattung", „getanzte Weltanschauung" oder „the Parsifalisation of the Russian Ballet" verspottet wurden. In der Tat blieb die *Josephslegende* als erste auch die einzige Kooperation Diaghilews mit deutschsprachigen Autoren.[159]

---

[158] Ebda., S. 645.
[159] Vgl. Barzantny: Harry Graf Kessler und das Theater, S. 186f.

2.7 Die Produktionen der Kompanie 1915-1929

Ausgehend vom neoklassischen Stil Fokines entwickelten die ihm nachfolgenden Choreographen den akademisch-klassischen Tanz weiter: Leonide Massine 1915-1920 und 1925-1928, Bronislava Njinska 1921-1926 und George Balanchine 1926-1929. Auf der einen Seite konzentrierte sich nun die dramatische Wirkung des Balletts in kurzen Stücken ohne überflüssige Belustigungs- oder Demonstrationseinheiten, und durch den Verzicht auf Pantomime verschwand die traditionelle Struktur der Ballettpantomime von den Spielplänen der *Ballets Russes*. Auf der anderen Seite wurden die Bausteine des Tanzes selbst transformiert, jenes reiche Vokabular des klassischen Tanzes, dessen sich Marius Petipa in seinen brillanten Choreographien bedient hatte. So waren auch Diaghilews Choreographen auf der Suche nach der Expressivität getanzter Bewegung und modifizierten die einzelnen Tanzbausteine dahingehend, dass sie mit dem jeweiligen Thema ihrer Werke korrespondierten. Der klassische Tanz nahm auf diese Weise einige Neuerungen in sich auf: „l'usage du parallélisme des jambes, voire des jambes en dedans (*Pétrouchka* ou *Le Sacre du Printemps*), s'ajoute à celui de la position en-dehors des jambes qui caractérise la danse classique depuis sa naissance." Die traditionell-lineare Ästhetik wurde durch eine anguläre Ästhetik ergänzt, die sich in neuen Bewegungen der Arme und des Oberkörpers manifestierte; hinzu kamen darüber hinaus Gesten aus dem Sport und des täglichen Lebens.[160]

Mit der Berufung Massines auf den Platz Nijinskys 1915 begann diese Entwicklung der *Ballets Russes* „zu einer kosmopolitischen Plattform" für genau diejenige internationale Avantgarde, die das Ballett „bis dahin als künstlerisch minderwertige Unterhaltung von Aristokratie und Großbürgertum ignoriert, wenn nicht gar abgelehnt hatte". Das Ballett *Parade* von 1917 nahm dabei eine Schlüsselposition ein, denn hier wurden in Zusammenarbeit von

---

[160]   Vgl. http://www.cndp.fr/balletrusse/thema/the_chore.htm#ballet   (Stand: 15.01.2006).

Jean Cocteau, Eric Satie, Pablo Picasso und Leonide Massine Anregungen „aus Varieté, Zirkus und Film mit den gestalterischen
Prinzipien des Kubismus zusammengeführt". Mit *Le donne di
buon umore* 1917 in Rom reanimierte Massine die Gattung der
Ballettkomödie, im *Dreispitz,* 1919 in London uraufgeführt, integrierte er in bis dato ungekanntem Ausmaß folkloristische Elemente, um schließlich 1920 für die Pariser *Pulcinella* historische Kom-
positionen und Spielformen als Fundament für den kreativen Prozess zu benutzen. Diese Facetten repräsentieren diese ästhetische
Neuorientierung der *Ballets Russes,* „die nicht mehr nach der Über-
einstimmung von Form und Inhalt, sondern nach dem Verhältnis
von Material und Verarbeitung fragt und damit den letzten Resten
mimetischer Theatertradition eine konsequente Absage erteilt".[161]

Die 1920er Jahre waren von einer „mitunter hektisch anmutenden Jagd nach dem 'dernier cri'" geprägt, bei der Massine,
Nijinska und Balanchine „die Assimilationsfähigkeit des Balletts
zuweilen bis an ihre Grenzen führten". Diaghilew hielt jedoch,
allen Innovationsgeistes ungeachtet, dreien seiner Prinzipien die
Treue, „die als sein ästhetisches Credo und Vermächtnis anzusehen
sind": erstens der Glaube daran, dass ein Gesamtkunstwerk reali-
sierbar ist, wenn Künste und Künstler gleichberechtigt zusammen-
wirken; zweitens die Überzeugung, dass „Kunst dann stirbt, wenn
die Suche nach neuen Ausdrucksformen endet"; drittens die Ge-
wissheit, dass demgegenüber auch jeder Fortschritt ephemer bleibt,
solange er nicht in der Tradition verankert ist. Diese Prinzipien
sind im Repertoire der *Ballets Russes* ebenso präsent wie in der
Person Enrico Cecchettis (1850-1928), jenes Ballettmeisters, dessen „klassisches Exercise zum täglichen Pflichtprogramm der Tänzer gehörte" und damit eine „allgemein verbindliche Basis und
Orientierungsgröße im Strudel der Experimente und Innovationen"
darstellte.[162]

---

161   Vgl. Woitas: 20. Jahrhundert, in: Dahms (Hrsg.): Tanz, S. 138f.
162   Ebda., S. 139f.

Die Saison 1921 machte mit der Musik zu *Chout,* einer „russischen Clownsfigur", Serge Prokofieff als neuen Komponisten bekannt, „der für das Ballett zu einem der Großen werden sollte", und auch Strawinskys Ruhm als Ballettkomponist wurde in diesem Jahr durch *Le Renard* und die Buffo-Oper *Mavra* (Choreographie: Nijinska) noch vermehrt. Bronislava Nijinska übernahm in den folgenden Jahren die choreographische Arbeit für *Les Biches* (1921), für die ursprünglich 1661 von Molière und Lully kreierte Ballettkomödie *Les Fâcheux* und für die Tanzoperette *Le train bleu* (beide 1924), bis 1925 die erste Zusammenarbeit zwischen Diaghilew und seinem Landsmann George Balanchine mit *Le chant du rossignol* zustande kam – ein Ballett ganz nach Diaghilews Geschmack, denn dieser insistierte auf einen narrativen Kern innerhalb eines (wenn auch bloß angedeuteten) Handlungsstranges, während der junge Choreograph eher handlungslose Ballette präferierte. So entwickelte Balanchine den ihm eigenen neoklassischen Stil, erstmals realisiert 1927 in der Choreographie zu *La Chatte,* in der jeglichem schmückenden Beiwerk eine radikale Reduktion widerfuhr. Diesen ästhetischen Zugriff konkretisierend, sollte sich Balanchines erster großer Erfolg jedoch erst 1928 mit dem choreographischen Ballett *Apollon musagète* zur Musik Strawinskys einstellen; sein letztes bedeutendes Ballett vor dem Tode Diaghilews 1929 war *Le Fils prodigue* (Der verlorene Sohn) in Zusammenarbeit mit dem Ausstatter Georges Rouault und dem Komponisten Sergej Prokofjew, der 1927 mit seiner Musik zum *Pas d'acier* (Der stählerne Schritt) eine schockartige Wirkung erzielt hatte.[163] Für das westliche Publikum mochte diese abrupte Wendung eine Überraschung sein. Nach „den verschiedensten -ismen in der Kunst der Nachkriegsjahre wurde die Rückkehr zu antiken oder biblischen Stoffen gegen Ende der zwanziger Jahre zu einer allgemeinen Erscheinung in der westlichen Kunstwelt":[164]

---

[163]   Vgl. Liechtenhan: Vom Tanz zum Ballett, S. 98f. sowie Rebling: Ballett von A bis Z, S. 449.

[164]   Rebling: Ballett von A bis Z, S. 449 sowie Huschka: Moderner Tanz, S. 129.

Surfeited with mischievousness and anti-aestheticism, bourgeois art tried to become intellectually subtle and profound. In seeking 'eternal themes,' in turning to artistic devices of the remote past, the artists of the West sought to save themselves from the complete intellectual and artistic degeneration toward which their rootless experimentation was inevitably leading.[165]

So ging Pablo Picasso nach seinem subjektlosen Kubismus zurück zu Kohle- und Kreidezeichnungen auf Ingrespapier, Strawinsky schrieb nach *Mavra* und *L'Histoire du soldat* seinen *Œdipus Rex* und die *Symphonie des Psaumes*, „einem manirierten Neoklassizismus den Weg ebnend".[166]

---

[165] Nestyev, Israel V.: Prokofiev, Stanford 1960, S. 228.
[166] Vgl. Nestyev: Prokofiev, S. 228.

3 Die *Ballets Russes* und das Neue Testament: *Der Verlorene Sohn* (1929)

3.1 Theologischer Kommentar zu Lukas 15,11-32

In den letzten Jahren seines Lebens hatte Diaghilew „seinen Ge-schmack und seine künstlerischen Bestrebungen völlig unerwartet gewandelt": Nach den prunkvollen, extravaganten und sensations-trächtigen Inszenierungen insbesondere der Vorkriegssaisons wa-ren ihm nun Werke „wichtig und bedeutsam geworden", die „von den eigentlichen Werten des menschlichen Lebens wie Ehrlichkeit, Aufrichtigkeit und Treue zum Vaterhaus berichten". Mit dem *Ver-lorenen Sohn* war 1929 ein Sujet gefunden, welches als mensch-liches Drama mit seiner Schlichtheit und Wahrhaftigkeit in jeder Hinsicht den „künstlerischen Intentionen des bald sechzigjährigen Djaghilew" entsprach.[167]

Die biblische Vorlage entstammt, mit Bezugspunkten zu der kurzen Episode aus Mt 21, 28-32, in Gänze Lk 15, 11-32 und ist eines jener Gleichnisse, Parabeln und Allegorien Jesu, die vom Evangelisten Lukas, einem Vertreter der so genannten narrativen Theologie, überliefert sind und die in den übrigen Evangelien des Neuen Testaments fehlen. Beim „verlorenen Sohn" handelt es sich gattungsgeschichtlich um eine Parabel, denn anstelle eines typi-schen Vorgangs wird „ein interessanter Einzelfall" erzählt.[168] Bei der Textanalyse kommt es nun darauf an, die Ebene des Gesagten, der bildhaften, konkreten Darstellung, und die Ebene des Gemein-ten, des komplexen, oftmals theoretischen Sachverhalts zu unter-scheiden.

---

[167] Vgl. Sowkina, Natalja Pawlowna: Sergej Sergejewitsch Prokofjew, Berlin 1984, S. 126f.

[168] Vgl. Wiefel, Wolfgang: Das Evangelium nach Lukas, Berlin 1988 (=Theologi-scher Handkommentar zum Neuen Testament, 3), S. 286f.

Im Gleichnis vom verlorenen Sohn forderte der jüngere zweier Söhne von seinem Vater das ihm zustehende Erbteil[169], um damit in die Ferne zu ziehen, wo er dann ein Leben in Zügellosigkeit führte und sein Vermögen verschleuderte. Als alles verbraucht war, ‚kam eine Hungersnot über das Land und es ging ihm sehr schlecht', woraufhin er sich von einem einheimischen Bürger als Schweinehirt anstellen ließ. Gerne hätte er ‚seinen Hunger mit den Futterschoten gestillt, die die Schweine fraßen, aber niemand gab ihm davon'.[170] So wuchs in ihm die Einsicht, dass eine Heimkehr zu seinem Vater, dessen Tagelöhner ‚mehr als genug zu essen' hatten, allemal besser sei, und er trat die Heimreise an. Sein Vater ‚sah ihn schon von weitem kommen' und lief ihm mitleidig entgegen, umarmte und küsste ihn. Sein Sohn sagte zu ihm: ‚Vater, ich habe mich gegen dich versündigt; ich bin nicht mehr wert, dein Sohn zu sein.' Der Vater aber ließ statt einer Abweisung des Sohnes diesen neu einkleiden, das Mastkalb schlachten und ein Fest organisieren, ‚denn mein Sohn war tot und lebt wieder; er war verloren und ist wiedergefunden worden'.[171] Als der ältere, daheim gebliebene Sohn von all dem erfuhr, wurde er zornig und verweigerte gegenüber dem Vater seine Teilnahme an der Feier mit den Worten: ‚So viele Jahre schon diene ich dir, und nie habe ich gegen deinen Willen gehandelt; mir aber hast du nie auch nur einen Ziegenbock geschenkt, damit ich mit meinen Freunden ein Fest feiern konnte.' Kaum sei aber der jüngere Sohn zurückgekommen, nachdem er das väterliche Vermögen mit Dirnen durchgebracht habe, sei für ihn das Mastkalb geschlachtet worden. Der Vater gab zur Antwort: ‚Mein Kind, du bist immer bei mir, und alles, was mein ist, ist auch dein', und wiederholt noch einmal: '[...] denn dein Bruder war tot und lebt wieder; er war verloren und ist wiedergefunden worden'.[172]

---

169   Den Erbteil bereits zu Lebzeiten des Vaters einzufordern, war zwar zulässig, galt aber als unschicklich, vgl. Sir 33, 21-22: 'Solange noch Leben und Atem in dir sind, mach dich von niemand abhängig! Übergib keinem dein Vermögen, sonst musst du ihn wieder darum bitten. Besser ist es, daß deine Söhne dich bitten müssen, als daß du auf die Hände deiner Söhne schauen mußt.'

170   Luk 15, 11-16.

171   Luk 15, 17-24.

172   Luk 15, 25-32.

Ob der ältere Sohn allerdings noch an dem Fest teilnimmt oder nicht, lässt der Text offen, denn „Jesus hat auf der objektiven Ebene seiner Lehre geantwortet und überlässt die Verantwortung für die subjektive Entscheidung seinen Zuhörern und Zuhörerinnen"[173].

Der lukanische Text reiht sich in die Vielzahl biblisch überlieferter Erzählungen ein, in denen der Benjamin über seine älteren Brüder gestellt wird[174]; die Josephserzählung weist, wie gezeigt worden ist, dieselbe familiäre Konstellation auf. Der jüngere Bruder verkörpert „trotz seiner Fehler und Ausschweifungen [...] die göttliche Erwählung und erhält den väterlichen Segen", und es gibt keine Anzeichen dafür, dass der Jüngste zu viel verlangt hätte. Höchstens fehlte es ihm „an Weisheit und ganz gewiss an Fingerspitzengefühl". Daher liegt auch seine Schuld nicht vorrangig in seiner Erbforderung und seinem Fortgehen, sondern im Verschleudern seines Erbes.[175] Durch eine Hungersnot überrascht, ist der nun mittellose und noch dazu landfremde junge Mann gezwungen, für einen Nichtjuden als Schweinehirt zu arbeiten, um sich seinen Unterhalt zu sichern – zum moralischen Abstieg kommt auf diese Weise der religiöse hinzu: Als „Bediensteter eines Heiden und durch ständigen Umgang mit den schlechthin unreinen Tieren" ist er der Unreinheit gleich doppelt verhaftet und fällt „vom Gesetz seines Volkes ab".[176]

Der Sohn erinnert sich „an die Herrlichkeit beim Vater" und geht in sich, kehrt um, zurück zu Gott, wissend, dass er auf seinen wohlhabenden Vater kein Recht hat und höchstens als sein Bediensteter ohne jede Begehrlichkeit nach dem vorhandenen

---

173   Bovon, François: Das Evangelium nach Lukas. Lk 15, 1 – 19, 27, Düsseldorf 2001 (=Evangelisch-Katholischer Kommentar zum Neuen Testament, III/3), S. 16.

174   Von Gott geliebte jüngere Brüder sind neben Benjamin, Joseph und dem namenlos bleibenden verlorenen Sohn auch Abel, Isaak, Jakob, David, Gideon und Judas Maccabeus.

175   Ebda., S. 45f.

176   Vgl. Wiefel: Das Evangelium nach Lukas, S. 288.

Reichtum bei ihm sein darf. Der Vater ist hier als allegorisches Bild für Gott selbst zu verstehen, der schon im Bild der Erinnerung bei seinem Sohn ist, „aber faktisch auch im aktiven Ausschauen nach ihm". Dass der Vater dem heimkehrenden Sohn entgegenläuft, verstößt gegen alle Sitte; schon „das schnelle Laufen eines Älteren" galt als würdelos. Doch durch diese starke Bewegung des väterlichen Gemüts kommt die Vergebung dem Schuldbekenntnis zuvor, wird unausgesprochen vollzogen.[177] Die Antwort des Vaters fällt zeichenhaft aus: Die an die Sklaven erteilten Befehle enthalten einzelne Antworten an den Sohn, die in der Zusammenschau die Wiederherstellung des Sohnesrechts bezeugen – „das Festkleid ist eine hohe Auszeichnung; der Ring bedeutet das Recht des Sohnes zu siegeln; die Schuhe kennzeichnen den freien Mann, während der Sklave barfuß geht". Mit der Schlachtung des Mastkalbes wird die Heimkehr schließlich zum Fest.[178] Die Begründung des Vaters (Vers 24 und 32) verweist auf die lukanische Interpretation der Parabel als Beschreibung für wiedergefundenes „Heil und Leben, die Erlösung und Auferstehung" und markiert durch die Wortwahl den „Übergang von der menschlichen auf die göttliche Ebene".[179]

Als der ältere Bruder, arbeitend daheim und doch nicht im Bewusstsein des Vaters geblieben, auf das laute Fest aufmerksam wird, flammt sein Zorn auf, und er stellt den Vater zu Rede. Auffällig ist hierbei der Verzicht auf die Anrede „Vater" und das Meiden der Bruderbezeichnung (‚Kaum aber ist der hier gekommen, *dein* Sohn'), womit er innerlich die Trennung vom Vater vollzieht:[180]

---

[177]   Vgl. Schweizer, Eduard: Das Evangelium nach Lukas, Göttingen 1982 (Das Neue Testament Deutsch, Teilband 3), S. 164.
[178]   Vgl. Wiefel: Das Evangelium nach Lukas, S. 289.
[179]   Vgl Bovon: Das Evangelium nach Lukas, S. 50.
[180]   Vgl. Schweizer: Das Evangelium nach Lukas, S. 165.

Mit dessen unbegreiflichem Handeln hat der ältere Sohn so wenig zu schaffen wie mit dem verwerflichen des Bruders. Er kann nur bedauern, dass es in der Welt und sogar beim Vater so unmoralisch zugeht. *Er* spricht vom Verkehr mit Dirnen, wovon die Erzählung nichts weiß, weil er damit sein eigenes gerechtes Verhalten, vielleicht sogar den Widerstand gegen entsprechende Wünsche rettet. Trennung vom Vater vollzieht sich als Trennung vom Bruder, und der entscheidende Vorwurf ist der der Güte.[181]

Der Vater wirbt indessen inständig um die Mitfreude des älteren Sohnes, indem er in den gleichen Worten wie schon gegenüber den Sklaven des Hauses an das Geschick des Jüngeren erinnert (Vers 32 resp. 24), ohne sich oder den letzteren zu verteidigen. Der Ältere habe es „nicht nötig, seine Geltung durch das Schlechtmachen des anderen zu suchen", und allein die gemeinsame Freude über die Heimkehr des verlorenen Sohnes könne von allem Vergleichen und Rechnen befreien.[182]

Der Aussagesinn dieser Parabel Jesu liegt in seiner Zuwendung zu den Sündern, die nicht etwa einmalig geschieht, sondern für „sein ganzes öffentliches Wirken" bestimmend ist.[183] Im Vater als quasi allmächtigem Vater wird Gott Wirklichkeit, und der Heimkehrende wird nahezu sakramental in die väterliche Liebe hineingenommen. Obwohl Jesus selbst in der Parabel nicht vorkommt und es seiner als Vermittler zwischen dem Sünder und Gott auch gar nicht bedarf, wäre sie doch ohne ihn kaum verständlich: Jesus habe, so Eduard Schweizer, „nicht bloß als Lehrer Gott als Vater aller Menschen entdeckt", vielmehr sei „ohne sein Wirken [...] das Gleichnis gar nicht wahr".[184]

---

[181] Schweizer: Das Evangelium nach Lukas, S. 165.

[182] Vgl. Wiefel: Das Evangelium nach Lukas, S. 290 sowie Schweizer: Das Evangelium nach Lukas, S. 165.

[183] Vgl. Wiefel: Das Evangelium nach Lukas, S. 287.

[184] Vgl. Schweizer: Das Evangelium nach Lukas, S. 166f.

3.2   Boris Kochnos Libretto

Ähnlich wie die alttestamentliche Josephserzählung war auch das Gleichnis vom Verlorenen Sohn aus dem Evangelium nach Lukas ein durch die Jahrhunderte geläufiges Sujet, denkt man beispielsweise an das gleichnamige Gemälde von Hieronymus Bosch aus dem Jahre 1510, an die zahlreichen Schauspiele – lateinisch von Gnaphäus 1534, deutsch von Burkard Waldis 1527, Johann Ackermann 1537, Jörg Wickram 1540, Hans Sachs 1557 oder Nikolaus Loccius 1619[185] –, an Romanverarbeitungen wie etwa Karl Mays *Der Verlorene Sohn oder Der Fürst des Elends* (1884-86) und an Vertonungen wie die Oper von Robert Heger aus dem Jahre 1936 oder Hugo Alfvéns Musik zu Ivo Cramers *Den förlorade sonen* von 1957, einer der tänzerischen Umsetzungen der Parabel neben den Choreographien von Pierre Gardel (1812), dem hier zu besprechenden George Balanchine und Kurt Jooss:

> As a source for dance works, the theme of the prodigal son has not been especially prolific. For the tastes of the early years of ballet, choreographers probably found its lack of epic dimension a serious drawback. It deals, after all, with simple people, with familiar relationships; no battles are won and lost, no great hero emerges.[186]

Des scheinbar geringen dramatischen Potentials zum Trotz – auch gibt die Geschichte wenig Anlass für verschwenderische und teure Bühnendekorationen und Kostüme – suggerieren doch die Episoden vom aufrührerischen, ausschweifenden Leben „die Möglichkeit szenischer Wunder". Im 20. Jahrhundert, da 'ausschweifendes Leben' auch Sexualität inkludieren konnte, warteten die meisten Adaptionen mit einer Verführerin auf, die den unschuldigen Jüng-

---

[185]   Siehe hierzu Spengler, Franz: Der Verlorne Sohn im Drama des 16. Jahrhunderts, Innsbruck 1888.

[186]   Cohen, Selma Jeanne: The Prodigal Son, in: Manor: The Bible in Dance, S. 49.

ling in einen sinnlichen Pas de deux verstrickt, der dann (anstelle der biblischen Hungersnot) seinen Niedergang bringt. Eröffnung und Schluss bleiben hingegen problematisch: „the rebellous youth seems too common a character to be very interesting, the forgiving father may easily be viewed as weak or merely stupid, and the dutiful elder brother may be something of a bore".[187]

Der *Verlorene Sohn* kam als letztes großes Werk der *Ballets Russes* weitgehend unter dem Einfluss Diaghilews, gleichsam als dessen Schwanengesang, zustande. Erstaunlich ist dabei die zeitliche Nähe zur Ablehnung eines anderen biblischen Sujets, das der Kunstmäzen und spätere Wirtschaftsgroße John Maynard Keynes vorgeschlagen hatte: *Hiob*.[188] Nach langer Diskussion Diaghilews mit seinen künstlerischen Beratern brachte Boris Kochno, Sekretär des Impresarios und Librettist für dessen Kompanie, ein Ballett nach der Parabel vom verlorenen Sohn aus dem Evangelium nach Lukas ins Gespräch – eine Idee, die sogleich mit großer Begeisterung aufgenommen wurde,[189] auch wenn es sich schwerlich um ein Konzept handelte, das dem früheren Diaghilew, der einst Jean Cocteau anrief mit „Etonne-moi!", zusagen hätte können: „After the Ballets Russes had become firmly associated with the avant-garde, the chic and the shocking no longer held such interest for him. 'Assez de musiquette,' was his order now."[190] Wieder einmal bewies Diaghilew hiermit seinen Einfallsreichtum: Stets auf der Suche nach für moderne Unterhaltung geeigneten Stoffen, bewegte er sich „mit Leichtigkeit von Szenen industrieller Konstruktion in Russland zur biblischen Parabel vom verlorenen Sohn", die ihm und seinem Librettisten Boris Kochno als Basis für ein Szenar diente, das sie mit zusätzlichen Details speisten. Das

---

[187]   Vgl. Cohen: The Prodigal Son, S. 49.

[188]   Vgl. Balcar, Alexander J.: Knaurs Ballett Lexikon, München 1958, S. 131 sowie Beaumont, Cyril W.: Complete Book of Ballets. A Guide to the Principal Ballets of Nineteenth and Twentieth Centuries, London 1937, S. 976.

[189]   Vgl. Gruen, John: The World's Great Ballets. La Fille Mal Gardée to Davidsbündlertänze, New York 1981, S. 91.

[190]   Cohen: The Prodigal Son, S. 51.

einaktige Ballett ist aus drei Szenen zusammengesetzt: Der Weg-gang des verlorenen Sohnes vom väterlichen Haus, seine Aben-teuer in der Fremde und schließlich seine Heimkehr bilden die drei Bilder des Werks.[191]

Für Kochnos Libretto standen neben jener biblischen Er-zählung auch noch die in Alexander Puschkins 1925 verfilmten Novelle *Stanzionny Smotritel (Der Postmeister)* von 1831 be-schriebenen drei Gemälde Pate, die „auf der Parabel vom verlo-renen Sohn beruhen und in den drei Bildern des Balletts ihre Ent-sprechung finden".[192] Bei Puschkin heißt es:

[Die drei Bilder] stellten die Geschichte des verlorenen Sohnes dar: auf dem ersten entlässt ein Greis in Nachtmütze und Schlaf-rock einen sichtlich unruhigen Jüngling, welcher rasch den Se-gen des Vaters und einen Beutel mit Geld entgegennimmt. Auf dem anderen war der liederliche Lebenswandel des jungen Man-nes in grellen Farben dargestellt: Man sah ihn an einer Tafel, von falschen Freunden und schamlosen Weibern umgeben. Wei-ters hütete der herabgekommene Jüngling, der alles verprasst hat, in Lumpen und einem dreieckigen Hut die Schweine und teilte mit ihnen den Fraß; sein Gesicht drückte tiefe Trauer und Reue aus. Schließlich war seine Rückkehr zum Vater dargestellt: der gute Alte, wiederum in Mütze und Schlafrock, stürzt ihm entge-gen; der verlorene Sohn liegt auf den Knien; im Hintergrund schlach-tet der Koch ein gemästetes Kalb, und der ältere Bruder fragt den Koch nach dem Anlass solcher Freude.[193]

Für die Ballettadaption ist der Personenkanon gegenüber der bibli-schen Vorlage und den bei Puschkin umrissenen Figuren den An-forderungen der Bühne gemäß variiert: Zusätzlich zum verlo-renen Sohn und dessen Vater treten – anstelle des Bruders aus dem luka-

---

[191] Vgl. Nestyev: Prokofiev, S. 228.
[192] Kieser/Schneider: Reclams Ballettlexikon, S. 499.
[193] Puschkin, Alexander S.: Der Postmeister. Novellen, Klagenfurt o. J., S. 9f.

nischen Text – zwei Schwestern auf; in der Rolle der Verführerin tritt eine Sirene auf; zwei Freunde, zwei Diener und neun Trinkkumpane komplettieren die Darstellerriege.[194]

Kochnos Libretto ist leider nie in Buchform erschienen (auch nicht unter seinem Pseudonym *M. Sodeka*) und 1929 wahrscheinlich nur als Handzettel oder als Teil des Programmheftes herausgegeben worden, weshalb der Handlungsablauf hier – wie auch schon die Liste der Figuren – der Sekundärliteratur entnommen werden muss: Der *Verlorene Sohn* spielt im Heiligen Land, in biblischer Zeit; das erste Bild, „Der Abschied", lässt im Hintergrund einen Hafen samt Leuchtturm erkennen, hinten rechts ist ein Zelt, vorn links ein niedriger Zaun mit einer Pforte platziert; es ist ein sonniger Tag. Die zwei Freunde des verlorenen Sohnes sind mit den Vorbereitungen für die Reise beschäftigt, die sie mit ihm unternehmen wollen, bringen Hausrat und Weinkrüge herbei. Der verlorene Sohn tritt, gefolgt von seinen beiden Schwestern, aus dem Zelt und schildert den Freunden seine Vorstellungen von dem bevorstehenden gemeinsamen Reiseabenteuer. Seine Schwestern versuchen vergeblich, ihn von seinem Vorhaben, das Haus des Vaters zu verlassen, abzubringen; als der Vater dazukommt, stellt der Sohn seine Ausführungen ein und setzt sich, wenn auch unwillig, mit seinen Schwestern dem Vater zu Füßen, um dessen Segen zu empfangen. Der Sohn springt sofort wieder auf, in die Ferne deutend; die zwei Freunde raffen das Gepäck zusammen und verlassen eilig, die Pforte passierend, den Grund des Vaters. Zwischen Vater und Sohn bricht ein Streit aus, und in rebellischer Wildheit springt der Sohn über den Zaun, um dann seinen Freunden nachzujagen. Der Vater, der die Szene starr mit angesehen hat, kehrt mit seinen beiden Töchtern in das Zelt zurück, eine Geste des Lebewohls ausführend.[195]

---

[194]   Manning, Susan: Balanchine: Le Fils prodigue, in: Pipers Enzyklopädie des Musiktheaters, Bd. 1 (1986), S. 145.

[195]   Vgl. Kieser/Schneider: Reclams Ballett Lexikon, S. 499f. sowie Manning: Balanchine: Le Fils prodigue, S. 145f.

Das zweite Bild, „In der Fremde", gibt den Blick auf ein offenes Zelt mit einem festlich dekorierten Tisch; durch die Ankunft des verlorenen Sohnes und seiner Freunde wird das ausgelassene Symposion der Trinkkumpane unterbrochen. Sie drängen ihn zur Weiterreise, doch der Sohn möchte bleiben, und durch das Hervorholen und Öffnen der Weinkrüge kann er dem Misstrauen der Männer ein Ende bereiten; sie nehmen ihn in ihre Gesellschaft auf. Bewundernd schauen alle der nun auftretenden Sirene zu, die sich in ihrem herausfordernden und verführerischen Tanze schließlich dem verlorenen Sohn zuwendet, ihn verspottet und demütigt. Die Freunde des verlorenen Sohns führen zur Unterhaltung der Gäste einen Tanz auf, der Sohn jedoch erliegt den Verführungen der Sirene und wird schließlich, in völliger Trunkenheit, von den Trinkkumpanen und seinen beiden Freunden vollständig ausgeraubt. Als er wieder erwacht, sind die Sirene und seine falschen Freunde mitsamt den Gästen verschwunden. Gerade als er davongekrochen ist, kommt die Bande noch einmal zurück, um die Beute aufzuteilen.[196]

Das Dekor des drittes Bildes, „Die Rückkehr", ist äußerlich wie das erste arrangiert. Reumütig und ernüchtert, erschöpft und zerlumpt erscheint der Sohn vor dem väterlichen Zelt, seine beiden Schwestern öffnen ihm die Pforte. Als der Vater vor das Zelt tritt, schleppt sich der verlorene Sohn zu ihm hin, zu ihm aufblickend. Zunächst zeigt dieser keine Geste der Begrüßung, so dass der Sohn wieder gehen will, doch dann streckt der Vater versöhnlich und liebevoll seine Hand aus und schließt den Sohn in seine Arme[197] – „die Eifersucht des selbstgerechten Bruders, der daheim blieb und das Schlachten des Kalbes für den Verlorenen und Wiedergefundenen" werden ausgelassen.[198]

---

[196]   Ebda. sowie Rebling: Ballett von A bis Z, S. 448f.
[197]   Ebda.
[198]   Vgl. Streller, Friedbert: Sergej Prokofjew und seine Zeit, Laaber 2003, S. 179.

3.3   Dekor und Kostüme

Für die Ausstattung bat Diaghilew zunächst Henri Matisse um Mitarbeit, der 1925 bereits das Dekor für *Le Chant du Rossignol* gestaltet und sich als sensibel für die Musik Prokofjews aus *Chout* von 1921 gezeigt hatte, doch der Meister lehnte ab mit der Begründung, die Arbeit für das Theater würde sein bildnerisches Schaffen bremsen. Diaghilew wandte sich nun an Georges Rouault (1871-1958) der zwar keinerlei szenographische Erfahrung mitbrachte, durch die Spiritualität seiner Bilder jedoch geeignet schien, sich des biblischen Sujets vom verlorenen Sohn anzunehmen. Der Direktor der *Ballets Russes* fand in der Ausdrucksstärke der Rouault'schen Bildkunst und insbesondere in deren schroffer, Kirchenfenstern ähnlichen Farbgegenüberstellung zudem eine Korrespondenz mit der dramatisch gespannten Musik Prokofjews – Rouault wurde nach Monte Carlo geholt und im Hotel untergebracht: „L'artiste assistait aux répétitions, déjeunait avec la troupe, racontait sa rivalité avec Marc Chagall [...] et tardait à montrer son travail" – ein Verhalten, das nicht folgenlos bleiben sollte. Boris Kochno berichtet, Diaghilew habe das Hotelzimmer des Malers durchwühlt, um sich des Fortgangs der Dekorentwürfe zu versichern, habe aber nichts dergleichen gefunden. Wütend habe er Rouault damit gedroht, ihn nach Paris zurück zu schicken, woraufhin letzterer die Entwürfe für Bühnenbild und Kostüme in nur einer Nacht fertiggestellt habe. Serge Lifar, der den verlorenen Sohn verkörperte, erzählt eine andere Version der Ereignisse: Man habe Rouault in sein Hotelzimmer einschließen müssen, um ihn zum Arbeiten zu bringen; „dans tous les cas, la collaboration semble avoir été laborieuse. Elle n'en fut pas moins remarquée".[199]

In der Schaffensperiode von 1917 bis 1939 war Rouault generell darum bemüht, jedes begonnene Werk auch zu vollenden,

---

[199]   Vgl.   http://www.cndp.fr/balletrusse/pedago/filsprodigues.htm   (Stand: 15.01.2006). - Rouault, der noch nie für das Ballett gearbeitet hatte, benahm sich wie ein Kind im Süßwarenladen und absorbierte begierig alles, was er vom Balletttraining und von den Proben in Monte Carlo zu sehen bekam.

jedoch war ein Werk für ihn kaum jemals wirklich abgeschlossen. So nahm er sich seine Arbeiten immer wieder vor, selbst wenn sie von seinen Auftraggebern längst als abgeschlossen angesehen wurden – Zusammenstöße waren mithin unvermeidlich.[200] Rouault war eben stets auf der Suche nach einer subtileren Wiedergabe und der größtmöglichen Verfeinerung seines Stoffes, und „als eifriger Katholik" hatte er nur den einen Wunsch, „ein religiöser Maler zu werden".[201] Der französische Kubist André Lhote (1885-1962) beurteilte Rouault wie folgt:

> Rouault erscheint mir ganz wie ein romanischer und gotischer Künstler, der Schöpfer einer ganzen Schar von Ungeheuern, Hexen, Gespenstern, von Larven, Teufeln und Kobolden, die seinen Zorn, seine Verachtung und sein Mitleid mit den Lastern der Zeitgenossen darstellen.[202]

Der wiederholt von Rouault aufgegriffene Dualismus von Gut und Böse und die essentielle Plastizität seiner Bilder prägten seine konzeptuell christliche Welt, die ihn für die Ausstattung des *Verlorenen Sohnes* – wenngleich als zweite Wahl – qualifizierten.[203] Tatsächlich aber hatte Rouault große Schwierigkeiten, sich den Beschränkungen der szenischen Malerei anzupassen, und so war schließlich Prinz Chervachidzé, festangestellter Dekorateur Diaghilews, derjenige, der das überaus sparsame Dekor nach Rouaults Entwürfen mit kräftigen Farben realisierte.[204] Vera Sudeikina (die spätere Ehefrau Igor Strawinskys) fertigte mit Diaghilews Hilfe die Kostüme.[205]

---

[200]   Vgl. Perruchot, Henri: Von Gauguin bis Rouault. Schicksale berühmter Künstler, Düsseldorf 1963, S. 180.

[201]   Zitiert nach Gohr, Siegfried (Hrsg.): Georges Rouault. Ausstellungskatalog Josef-Haubrich-Kunsthalle, Köln 1983, S. 60f.

[202]   Ebda., S. 60.

[203]   Vgl. Chapon, François: Œuvre gravé. Rouault, Monaco 1978, S. 15.

[204]   Vgl. http://www.cndp.fr/balletrusse/portraits/rouault.htm (Stand: 15.01.2006).

[205]   Vgl. Hunt, Marilyn: George Balanchine's *Prodigal Son*, in: Dance Magazine, Mai

Für das erste bzw. dritte Bild erfand Rouault einen nahöstlichen Hafen in lebhaften Farben, der eine exotische Wärme ausstrahlte. Der auf einen Leuchtturm zulaufende Weg trennte das Dekor in zwei Teile: Auf der einen Seite war das Meer mit einigen Segelschiffen zu sehen, auf der anderen Seite zwei jurtenähnliche[206] Häuser mit schwarz-gelb-braun gestreiften Dächern. Das düstere Blau des Himmels, von dem sich das Ganze abhob, war hier und da von kastanienbraunen und schwarzen Streifen sowie einigen weißen Schlieren aufgebrochen und von Vollmondlicht erhellt. Für das zweite Bild entwarf er ein großes offenes Zelt, das die Stimmung der Wüste Palästinas vermitteln sollte und unter welchem ein langer, rechteckiger Tisch für das Gelage der Trinkkumpane bereitstand; Amphoren und große Tonkrüge verliehen der Szenerie eine antike Note.[207]

Die Kostüme zeichneten sich durch eine ähnliche Nüchternheit aus: Die römisch anmutenden, die Arme freilassenden kurzen Tuniken für die Männer, die geometrisierten Motive und Formen und die Schminke, insbesondere aber die großen schwarzen Augenringe, evozierten ganz den Geist der Rouault'schen Gemälde. Die Sirene, getanzt von Felia Dubrowska, trug einen lambrequinartigen Rock und ein samtenes Mieder mit einem wogenden, purpurroten Umhang, eine orientalisierende Tiara, markanten Armschmuck und wirkte wie eine biblische Heldin oder Ikone aus der Feder Gustave Moreaus, des Lehrers Rouaults.[208] Der verlorene Sohn ist im ersten Bild in eine blaue Tunika, im zweiten in einen weinroten Mantel und im dritten Tableau in ein zerlumptes Wollgewand gekleidet.[209]

---

[206]   1981, S. 130.
Jurte = zerlegbares, rundes, mit Filzdecken belegtes Zelt der Nomaden in West- und Zentralasien.

[207]   Vgl. http://www.cndp.fr/balletrusse/pedago/filsprodigues.htm und
http://www.cndp.fr/balletrusse/portraits/rouault.htm (Stand: 15.01.2006).

[208]   Vgl. Gruen: The World's Great Ballets, S. 91 sowie
http://www.cndp.fr/balletrusse/pedago/filsprodigues.htm und
http://www.cndp.fr/balletrusse/portraits/rouault.htm (Stand: 15.01.2006).

[209]   Vgl. Beaumont: Complete book of Ballets, S. 977.

3.4   Serge Prokofjews Ballettmusik (op. 46)

Obschon der Aufgriff antiker oder biblischer Stoffe am Ende der 1920er Jahre wieder in Mode kam (s. o.), interessierte sich der mit der Komposition der Musik für den *Verlorenen Sohn* beauftragte Serge Prokofjew weniger für den biblischen Ursprung der Produktion als vielmehr für die „Möglichkeit, echte menschliche Probleme und tiefe Gefühle zum Ausdruck bringen zu können". Gerade dieser Stoff mag ihn auch aus dem Grunde gereizt haben, dass er ja selbst 1918 seine russische Heimat verlassen hatte und im Ausland lebte, i. e. in Japan, Amerika und Deutschland, und nun mit dem Gedanken spielte, „aus der Fremde, die ihn mit ihrem Geschäftsbetrieb immer mehr anwiderte, in sein Vaterland zurückzukehren" – was er einige Jahre darauf auch verwirklichte.[210] Darüber hinaus aber lockten ihn nach seinen zurückliegenden, grotesk komplexen und exzentrischen Werken mehr denn je ernste Themen mit moralischer Bedeutung.[211]

Laut Boris Kochno hatte Diaghilew die Musik schon 1927 bei Prokofjew in Auftrag gegeben, ohne jedoch ein Sujet anzugeben; er fragte nach etwas Einfachem, Zeitlosen und Poetischen, bis Kochno schließlich, im Herbst 1928, den Stoff des verlorenen Sohnes vorschlug und das Libretto ausarbeitete.[212] Die vormals gültige sowjetische Theatergesinnung war gerade dem Realismus gewichen, als Prokofjew die Kompositionsarbeit am *Verlorenen Sohn* begann,[213] und die Produktionen der *Ballets Russes* waren in der Tat derart exzentrisch in Choreographie und Ausstattung, „als werde zunächst die Existenz der Ballette der russischen Periode [...] überhaupt ausgeschlossen".[214] Prokofjews Partitur erstaunte nach

---

210   Vgl. Rebling: Ballett von A bis Z, S. 449 sowie Reyna, Ferdinand: Dictionnaire des Ballets, Paris 1967, S. 129.

211   Vgl. Nestyev: Prokofiev, S. 228f.

212   Vgl. Cohen: The Prodigal Son, S. 51.

213   Vgl. Cohen: The Prodigal Son, S. 54.

214   Vgl. Kossatschowa, Rimma: Zum Ballettschaffen Prokojews, in: Danuser, Hermann et al. (Hrsg.): Sergej Prokofjew 11. April 1891 – 5. März 1953.

dem Primitivismus der *Skythischen Suite* von 1914, der Komik des *Chout* von 1921 und dem konstruktivistischen, bolschewistisch-exotischen *Pas d'acier* von 1927 durch die Strenge und Schwere einer musikalischen Sprache, deren Aufriss, Prägnanz und Verhaltenheit auf die von Eric Satie beeinflusste Ästhetik der 1920er Jahre rekurriert.[215] Zum Entstehungsprozess seiner Komposition berichtet Prokofjew:

> L'idée de ce ballet m'a été donnée par Serge Diaghilev, en automne 1928, qui, en me la proposant, a très bien escompté mon désir de tourner des effets extérieurs vers le lyrisme intérieur. Je me suis mis à la composition avec beaucoup d'ardeur et, avant le Nouvel An, une grande partie des esquisses était faite. Diaghilev suivait mon travail de très près et, souvent, donnait des conseils intéressants. Il attachait une importance spéciale à la dernière scène et, quand je lui ai téléphoné qu'elle était écrite, quelle angoisse! s'exclama-t-il, voulant dire par cela que, si cette scène n'était pas réussie, tout le ballet serait compromis. Il est venu immédiatement l'entendre et resta content.[216]

Die Ballettmusik ging ihm, sehr zu seinem eigenen Vergnügen, leicht von der Hand und galt ihm selbst als bedeutende Errungenschaft, schrieb er doch an seine Freunde in Moskau, dass dieses Ballett unzweifelhaft eine seiner erfolgreichsten Arbeiten werden würde. Ebenso wenig wie Rouaults Ausstattung und Balanchines Choreographie deutete die Partitur auf Epoche, Schauplatz oder Nationalität der Figuren hin; innerhalb dieser szenischen Konzeption mied Prokofjew sorgfältig jegliche Andeutung von Raum oder Zeit, setzte stattdessen schnell und lakonisch aufeinander folgende Gefühlszustände und -szenen in scharfen Kontrast: die Frechheit des Weggangs vom väterlichen Haus, den Abschiedsschmerz, die

---

[215] Beiträge, Dokumente, Interpretationen, Duisburg 1990, S. 182.
Vgl. http://www.cndp.fr/balletrusse/pedago/filsprodigues.htm#musik (Stand: 15.01.2006).

[216] Zitiert nach Samuel, Claude: Prokofiev, Paris 1980, S. 112f.

ungestüme „Begegnung mit den Freunden" , die zarte Lyrik des Portraits der schönen Sirene und ihr Liebesduett mit dem verlorenen Sohn, die aufkommende Reue und die Rückkehr[217] – all das verwandelte Prokofjew „in viele zarte und ausdrucksvolle Themen [...], die tiefe menschliche Regungen zum Mitklingen bringen und schon an die herrlichen Melodien und Modulationen denken lassen, die er einige Jahre später in dem Ballett *Romeo und Julia* schuf". Lediglich für die Kennzeichnung der falschen Freunde als negative Charaktere „in den Szenen der Trunkenheit und Plünderung" kamen wieder „jene harten, hämmernden und stampfenden Klänge" zum Einsatz, denen man schon in einigen früheren Werken des Komponisten begegnet war. Durch den vorwiegend lyrischen Charakter des *Verlorenen Sohns* sah sich Prokofjew nun aber veranlasst, anstelle der „harten und schroffen Harmonisierungen die zarten und ausdruckserfüllten Melodien häufig im Unisono" mit schlichter akkordischer Begleitung, „in zartfarbener Instrumentierung und mit feinen Modulationsübergängen erklingen zu lassen".[218] So unterstreicht die Fülle des musikalischen Ausdrucks die in Tanz übersetzten Emotionen „auf geradezu plastische Weise"[219].

Prokofjews Ballettmusik setzt sich aus zehn strukturell unterschiedlichen Teilen zusammen (drei Szenen zu zweimal vier und einmal zwei Abschnitten), die durch drei wiederkehrende Themen aber dennoch eine gewisse Einheitlichkeit erhalten. Da ist zum einen das Abschiedsthema (Notenbeispiel 8), als der Sohn das Vaterhaus verlässt; zweitens jenes „den wüsten Gelagen der Trinkkumpane" zugeordnete (Notenbeispiel 9) und als drittes das Verführungsthema, das mit der Sirene verbunden ist (Notenbeispiel 10).[220] Auf der musikalisch-inhaltlichen Ebene schlagen sich zwei Lebenselemente nieder, wie Sawkina formuliert: Die Welt der ehrlichen „Bestrebungen eines jungen Herzens, seiner Wunschträume und Leiden" tritt klangfarblich besonders zart und subtil hervor;

---

217 Vgl. Nestyev: Prokofiev, S. 229.
218 Vgl. Rebling: Ballett von A bis Z, S. 449f.
219 Kieser/Schneider: Reclams Ballettführer, S. 501.
220 Vgl. Manning: Balanchine: Le Fils prodigue, S. 146.

die „Melodik ist sanglich und erlesen, das musikalische Gewebe transparent, stellenweise sogar luftig" wie etwa bei den lyrischen Duetten oder dem „Porträt der schönen Verführerin". Das zweite Lebenselement in Prokofjews Partitur ist „durch drängende Emotionen und eine kämpferische Aktivität" gekennzeichnet, ausgedrückt jeweils in energischen Rhythmen:[221] Vor allem die Episoden *Der Raub*, ein persistentes Scherzo im 6/8-Takt mit herber Polyphonie, und *Die Teilung der Beute*, errichtet über einem energetischen Ostinato in der Bassstimme, sind hierfür charakteristisch (Notenbeispiel 11: *Die Teilung der Beute).*[222]

Wie Nestyev kritisch bemerkt hat, werde die Musik stellenweise durch die willkürliche Härte der harmonischen und polyphonen Einheiten und das Fehlen echter Entwicklung geschädigt: „a number of very lean melodic phrases are carried over without change from one episode to another". Auch weise die Musik nur wenige rein tänzerische Elemente auf, und die einzige in sich geschlossene Tanznummer (*Tanz der Männer*, Nr. 4) sei kompositorisch die schwächste Episode des Balletts; die übrigen musikalischen Abschnitte seien überwiegend für pantomimische Darstellung mit zum Teil akrobatischen Bestandteilen angelegt – was aber durchaus der abstrakten, stilisierten Konzeption des Werkes entsprach.[223]

Insbesondere im *Verlorenen Sohn* lässt sich nun auch „die Linie einer schrittweisen Romantisierung" nachvollziehen, auch wenn hier noch eben jene grotesken, parodierenden Züge unübersehbar zu Tage treten, die für Prokofjews frühe Ballette – *Der Narr*, *Der stählerne Schritt* und *Der verlorene Sohn* im Unterschied zu *Romeo und Julia*, *Cinderella* und *Die steinerne Blume* – so charakteristisch sind. Zwar bleibt das Groteske noch im Hinter-

---

[221]   Vgl. Sawkina: Sergej Sergejewitsch Prokofjew, S. 127.

[222]   Vgl. Nestyev: Prokofiev, S. 229.

[223]   Ebda.

grund, erweckt aber dennoch den Anschein einer lyrischen Ein-
färbung.[224]

> Prokofiev avoided a complicated harmonic idiom in composing
> the lyrical passages of the ballet. A theme is sometimes heard in
> unison or at the octave without chordal support. Emotional nuan-
> ces are expressed by means of scarcely perceptible alterations
> and modulations; [...] something like a transparent, almost color-
> less 'pencil' drawing with the lone and delicate timbres of the
> flutes, oboes, and clarinets.[225]

Der *Verlorene Sohn* ist mithin „das am meisten lyrisch-warme,
emotional gefärbte Werk" der frühen Schaffensperiode des Komponisten, in der er eine neue philosophisch-ethische und moralisch-
psychologische Richtung einschlug – es war wohl „kein Zufall,
dass Prokofjew die Vieldeutigkeit und Unerschöpflichkeit dieses
Materials spürte und es auch für seine vierte Symphonie verwendete".[226] Auch der Auftraggeber Diaghilew äußerte sich begeistert
über die Ballettmusik:

> Ich bin froh, dass ich der Taufpate dieses Balletts bin, des dritten
> Balletts von Prokofjew, und – ich zögere nicht, dies zu sagen –
> des schönsten. Noch nie war ein Komponist so klar, so einfach,
> melodisch und sanft, wie im 'Verlorenen Sohn'. In den drei Bil-
> dern des Balletts, geschaffen von Boris Kochno, trifft man einige
> bezaubernde Momente, zum Beispiel in der Liebesszene und in
> der Abschiedsszene. In der heutigen Zeit, in der wir einen Man-
> gel an Gefühlen erfahren, erscheint es einfach unglaublich, dass

---

[224] Vgl. Kossatschowa: Zum Ballettschaffen Prokofjews, S. 182f.
[225] Nestyev: Prokofiev, S. 230.
[226] Vgl. Kossatschowa, Rimma: Die frühen Ballette (1914-1930), in: Danuser,
Hermann et al. (Hrsg.): Sergej Prokofjew 11. April 1891 – 5. März 1953.
Beiträge, Dokumente, Interpretationen, Duisburg 1990, S. 195f.

Prokofjew einen solchen musikalischen Ausdruck finden konn-te.[227]

Gegenüber Serge Lifar, der die Hauptfigur tanzte, sagte Diaghilew nach zweitem Anhören der Musik erleichtert, vieles an dem Ballett sei doch ausge-zeichnet – das Erwachen des verlorenen Sohnes nach dem Trinkgelage erinnere ihn an ein Nocturne von majestä-tischer Tiefe, und gut sei „auch das zarte Thema der Schwestern, und sehr gut, jedenfalls in der Manier Prokofjews, [sei] die Szene der Ausplünderung": Die drei Klarinetten bewirkten „Wunder an Virtuosität".[228]

3.5   Der neoklassische Ansatz George Balanchines

1904 in St. Petersburg geboren, durchlief George Balanchine († 1983) die legendenumwobene Ballettschule des Mariinsky-Theaters, jedoch „zu einer Zeit, die der traditionellen Überlieferung bereits außerordentlich skeptisch gegenüberstand": Zwar lernte er noch die Choreographien Petipas und Iwanows kennen – in einigen sogar als Eleve auftretend –, erfuhr seine künstlerische Formung aber erst in den Jahren nach der Russischen Revolution von 1917, die den unwahrscheinlich stürmischen „Aufbruch der jungen sow-jetischen Kunst" markierten, „die sich von allen überkommenen Bindungen losgesagt hatte".[229]

Die frühen Erfolge Balanchines, d. h. diejenigen der 1920er Jahre, fallen in jene Zeit, die einerseits von der Oktober-

---

227   Sergej Diaghilew und die russische Kunst, Moskau 1982, S. 255. Zitiert nach Kossatschowa: Die frühen Ballette, S. 195.

228   Zitiert nach Biesold, Maria: Sergej Prokofjew – Komponist im Schatten Stalins. Eine Biographie, Berlin 1996, S. 134.

229   Vgl. Koegler, Horst: Balanchine. Interview, Hamburg 1964 (=Die Tanzarchiv-Reihe, Bd. 1), S. 3f.

revolution, andererseits von der in der ersten Jahrhunderthälfte „chronischen Ungesetztheit" des westlichen Balletts geprägt war. Als Balanchine 1924 zusammen mit Alexandra Danilowa und seiner Gemahlin Tamara Gewa nach Paris kam, lernte er bereits nach wenigen Wochen Serge Diaghilew kennen und wurde von diesem, obwohl erst zwanzigjährig, bald nach seiner Aufnahme als Tänzer als Ballettmeister und Chefchoreograph für die *Ballets Russes* engagiert. In dieser Position schuf Balanchine mit *Apollo* und dem *Verlorenen Sohn* seine ersten Meisterwerke.[230]

Sein Gesamtwerk von mehr als 200 Choreographien splittet sich „in so verschiedene Stilrichtungen wie romantische Ballette, Broadway-Musicals, Choreographien für Opern und Filme und 'weiße' Ballette", mit welchen er berühmt geworden ist, auf. Balanchines Choreographien bewegen sich im Spannungsfeld von Neoklassizismus und der Purifikation balletteuser Bewegungsformen, durch die die Gestalt der Tänzerinnen und Tänzer als ebenmäßig und virtuos präsentiert wird. Vor allem seine weißen Ballette – zu denen der *Verlorene Sohn* natürlich nicht zählt – „identifizieren ihn mit einer neoklassischen Ästhetik, die ihre Wirkung aus der ausschließlichen Konzentration auf den tanzenden Körper als visuellen Gestaltungskomplex gewinnt, wodurch er als architektonisch gegliederte Raumfigur in Erscheinung tritt". Die Bewegungsästhetik Balanchines begreift selbige als „rhythmisch-räumliches Gestaltungsmaterial", das in seiner choreographischen Struktur „in direkter Korrespondenz zur verwendeten musikalischen Komposition entwickelt" wird, denn Tanz sei von Musik direkt abhängig.[231] In einem Interview sagte Balanchine 1964:

> Wir versuchen, auf die interessanteste Weise in der Zeit zu schwimmen. Musik ist Zeit. Nicht die Melodie ist wichtig, sondern die Einteilung der Zeit. [...] Ich könnte kein Ballett ohne Musik schaffen. Ich selbst bin kein Zeit-Schöpfer. Mir gefällt es,

---

[230] Vgl. Garis, Robert: Following Balanchine, New Haven 1995, S. 25.
[231] Vgl. Huschka: Moderner Tanz, S. 144.

mich ihr unterzuordnen. Nur ein Musiker ist ein Zeit-Schöpfer. [...] die Musik kommt immer zuerst. Ich kann mich nicht bewegen, ich will mich gar nicht bewegen, bevor ich nicht die Musik gehört habe. Ich könnte mich nicht ohne Grund bewegen, und der Grund ist die Musik. [...][232]

Dem Tanz, so der Choreograph, mangele es gegenüber der Musik an einer in ihm exklusiv angelegten Klarheit, aus der heraus eine Weiterentwicklung des Bewegungsmaterials in einer der Tonkunst vergleichbaren Eindeutigkeit und Präzision möglich sei, denn dem menschlichen Körper als Instrument bewegten Ausdrucks sei „ganz im Gegensatz zum musikalischen Ton die Abweichung und das Fehlerhafte" von Natur aus eingeschrieben. Aus diesem ästhetischen Ansatz entstand allmählich Balanchines „Maxime der visuellen Transformation von Musik durch Tanz, quasi die kristalline Verräumlichung zeitlicher Strukturen durch bildhaft komponierte Körperbewegung".[233] Als Balanchine 1929 den Choreographieauftrag für den *Verlorenen Sohn* erhielt, fand er in der Musik Prokofjews einen adäquaten Ausgangspunkt für seine Arbeit; Kochnos Libretto beurteilte Balanchine als „eines der besten Ballettlibretti überhaupt. Es ist die Einfachheit selber, denn es besteht aus der Form A-B-A: Es ist die Geschichte eines Menschen, der alles hat, alles wegwirft, und wiederum alles hat."[234] Die choreographische Lösung Balanchines stützte sich vorwiegend auf Ausdruck: „dramatische Gesten im 1. und 3. Bild, grotesk übersteigerte Aktionen im 2. Bild"[235].

Im ersten Bild, als sich der Vorhang nach einem kurzen Eröffnungsthema gehoben hat, tanzt der Sohn, nachdem er sich aus der Umarmung seiner Schwester befreit hat, zur Begrüßung seiner Freunde ein energiegeladenes, wütend-rastloses Solo, das von ho-

---

[232] Koegler: Balanchine, S. 6-8.

[233] Vgl. Huschka: Moderner Tanz, S. 145f.

[234] Zitiert nach Manning: Balanchine: Le Fils prodigue, S. 146.

[235] Kieser/Schneider: Reclams Ballettführer, S. 500.

hen Sprüngen nach den vier Ecken des Bühnenraums gekennzeichnet ist, sein Sehnen und seine Erwartungen symbolisierend. Mit Besorgnis folgen seine beiden Schwestern diesem lebhaften Tanz (dem einzigen des ersten Bildes), der „seine Verstrickung in die getanzte Welt der Sirene und ihrer Kumpane"[236] vorwegnimmt. Das Solo des verlorenen Sohnes wiederholt sich noch einmal, als seine Familie ihn festzuhalten sucht: Der Vater hatte seine drei Kinder zu sich gerufen, um für sie um Gottes Segen zu bitten, doch der Sohn hatte sich abgewandt; der Vater hatte daraufhin sanft, aber bestimmt den Kopf des Sohnes in eine unterwürfige Haltung zurückgezogen. Da bricht der Sohn vorsätzlich aus dem Kreise seiner Familie aus, um seinen Freiheitstanz erneut aufzuführen. Als seine Freunde sich zur Reise gerüstet haben und aufbrechen, folgt er ihnen mit einem letzten, trotzigen Sprung über den Zaun, was der Vater resigniert mitansieht, um dann die über den Weggang ihres Bruders traurigen Schwestern zurück ins Zelt zu geleiten.[237]

Der Beginn des zweiten Bildes ist musikalisch mit einem lüstern pochenden Thema unterlegt, das den Auftritt der neun Trinkkumpane markiert, die, gleich einem bizarr humanoiden Tausendfüßler, in tiefem Plié kauernd und einander an der Taille haltend, fröhlich in einer Reihe marschieren; die aus dieser Art der Fort-bewegung resultierenden, gleichermaßen grotesken wie akrobatischen Bewegungen kennzeichnen das Reich der Sirene:[238] „The nine troglodotic revellers, clad in bald skull-caps, play patty-cake, lift each other by the crotch, and form an impenetrable wall that shoots out arms from all directions [...]."[239] Sie drängen zu dem noch immer auf der Bühne befindlichen Zaun aus dem ersten Bild, tragen ihn hinüber zur Festtafel, um ihn für ihre ausgelassene Feier zu einem zweiten Tisch zu transformieren. Nun kommen der verlorene Sohn und seine Begleiter hinzu, teilen zunächst ihren Wein

[236] Manning: Balanchine: Le Fils prodigue, S. 146.

[237] Ebda., sowie Gruen: The World's Great Ballets, S. 91.

[238] Ebda.

[239] Fleming, Bruce: The Prodigal Son, in: Bremser, Martha et al. (Hrsg.): International Dictionary of Ballet, Bd. 2, Detroit 1993, S. 1151.

mit den Trinkkumpanen und fallen dann in einen lebhaften gemeinsamen Tanz, mit dem verlorenen Sohn oben auf dem zweiten Tisch gipfelnd. Im Anschluss daran setzen oder legen sich alle zu Boden, um den Auftritt der Sirene zu beobachten, die mit harten und grell erotischen Bewegungen herannaht:[240]

> Perennially on pointe and elongated with a scarlet headdress to match her endless scarlet train, the Siren wraps the cape around her thighs, beats her breast and backs in slow motion, and walks like a crab, dragging her cloak out behind her and then drawing over her as she crouches in a turtle position. When the Prodigal pulls the cloak off she unfolds, dancing a twisting, sinuous solo like an Indian goddess come to life.[241]

Von diesem verführerischen Tanz der Sirene angelockt und in ihn eingesponnen, bilden sie und der verlorene Sohn bald eine vierarmige Gottheit. Sie gleitet an seinem Rücken hinunter, formt mit ihrem Körper einen Ring und zwingt seine Beine zu Boden, um zunächst auf seinem Kopf zu sitzen, letzteren dann aber an ihre Brust zu pressen, einen Arm triumphierend in die Höhe gestreckt. Jetzt mischen sich die Trinkkumpane in den Tanz ein, und die Sirene hetzt sie gegen den Sohn auf: Die Männer ziehen die beiden auseinander und flößen dem verlorenen Sohn noch mehr Wein ein, treten ihn und lassen ihn über den Tisch rutschen, um ihn daraufhin wieder aufzurichten und mit ihren 'Fühlern' an seinem Körper entlangzufahren. Der verlorene Sohn spürt die Gefahr und versucht zu fliehen, doch als er über den Tisch laufen will, um den Trinkkumpanen zu entkommen, kippen sie das ihnen zugewandte Tischende, so dass er ihnen entgegengleitet und somit abermals in ihre Gewalt gerät. Während seine zwei Begleiter den Betrunkenen kopfüber

---

[240] Vgl. Manning: Balanchine: Le Fils prodigue, S. 146 sowie Gruen: The World's Great Ballets, S. 92. - Die Idee für das multifunktionale Requisit, das je nach Positionierung mal Zaun, mal Tisch war, stammte von Boris Kochno.

[241] Fleming: The Prodigal Son, S. 1151.

halten und schütteln, raubt die Sirene seine Juwelen; zuletzt noch gegen den hochkant gestellten Tisch geschmettert, wird ihm auch noch sein Obergewand genommen. Nachdem die Bande davongezogen ist, reißt ihm die Sirene sein Amulett vom Hals und verlässt verstohlen die Szene. Alleingelassen und schmerzerfüllt, kriecht der Ausgeraubte von der dunkel werdenden Bühne; in einem kurzen Intermezzo kehren Sirene und Trinkkumpane noch einmal zurück, um die Beute zu teilen:[242] „They turn the fence-table over and climb into it. With the Siren poised before them like a figurehead, they hold her cape open like a sail to form an eerie seafaring tableau.“[243] Der Bühnenraum verdunkelt sich erneut.

Das nun in verzweifelter Melancholie eröffnete, von mimischer Aktion geprägte dritte Bild besticht durch seine hohe dramatische Intensität: Übel zugerichtet und in einem blutverschmierten, zerlumpten Wollkleid, schleppt sich der verlorene Sohn auf Knien heimwärts, gestützt auf einen grob behauenen Stock. Bevor er jedoch die Pforte zum väterlichen Grund öffnen kann, wird er ohnmächtig; seine beiden Schwestern finden ihn und bringen ihn zum Zelt, als der Vater aus diesem heraustritt und in dem geschundenen Körper auch gleich seinen verlorenen Sohn erkennt, seinen Gefühlen aber keinen Lauf lässt. Der Sohn wendet sich voller Scham von der stolzen Erscheinung seines Vaters ab und wirft sich ihm reuevoll zu Füßen, klammert sich an seine Kleider und zieht sich mit großer Anstrengung daran hoch. Wie ein kleines Kind sinkt der Sohn dem Vater in die Arme, der, mit einer letzten Geste der Vergebung, seinen Sohn beschützend in seinen Mantel mit einschließt und ihn ins heimische Zelt bringt.[244]

---

[242] Vgl. Manning: Balanchine: Le Fils prodigue, S. 146 sowie Gruen: The World's Great Ballets, S. 92 und Fleming: The Prodigal Son, S. 1151.

[243] Gruen: The World's Great Ballets, S. 92.

[244] Vgl. Gruen: The World's Great Ballets, S. 92 sowie Manning: Balanchine: Le Fils prodigue, S. 146.

3.6   Pressestimmen

Als Prokofjew im Frühjahr 1929 nach Monte Carlo reiste, um den Proben für den *Verlorenen Sohn* beizuwohnen, musste er erleben, dass jene Leichtigkeit, mit der er die Partitur im Vorjahr geschrieben hatte, nicht im geringsten „mit den Problemen korrespondierte, die bei der Inszenierung des Balletts" auftraten: Nachdem schon der mit der Ausstattung beauftragte Maler Rouault Diaghilew fast zur Verzweiflung getrieben hatte, indem er seine Entwürfe erst in letzter Minute ablieferte, drohten die nun noch zusätzlich entstehenden Querelen zwischen Prokofjew und Balanchine „in ein Fiasko auszuarten" – Hauptdarsteller Serge Lifar legte sich noch am Nachmittag vor der Uraufführung ins Bett und war der „felsenfesten Überzeugung, er könne nicht tanzen".[245] Dennoch war die Premiere des *Verlorenen Sohnes* am 21. Mai 1929 im Théâtre Sarah Bernhardt in Paris für alle Beteiligten ein triumphaler Erfolg.[246] Die Karten für den von der Pariser Presse als großes musikalisches Ereignis angekündigten Ballettabend – das Programm bildeten Georges Aurics *Les Fâcheux*, Igor Strawinskys *Renard*, Prokofjews *Verlorener Sohn* und Alexander Borodins Tänze aus *Fürst Igor* – waren bereits Wochen im Voraus ausverkauft, und als sich nach Prokofjews Ballett der Vorhang senkte, brach „im Publikum die Hölle los": Serge Lifar in der hochdramatischen Rolle des verlorenen Sohnes „rührte die Zuschauer zu Tränen", und es herrschte Einigkeit darüber, dass „Lifar und Balanchine ein Meisterwerk der Choreographie präsentiert" hätten.[247]

Tatsächlich hat Balanchine mit dem *Verlorenen Sohn* eine der wenigen großen dramatischen Männerrollen geschaffen; die Anforderungen, die an den Tänzer in der Titelrolle gestellt werden, sind enorm, insbesondere im lasterhaften zweiten Bild als eigentlichem Kern des Balletts. Doch sind, so Fleming, viele Details der

---

[245]   Vgl. Biesold: Sergej Prokofjew, S. 137f.

[246]   Vgl. Sawkina: Sergej Sergejewitsch Prokofjew, S. 127.

[247]   Vgl. Biesold: Sergej Prokofjew, S. 138.

Choreographie unvergesslich, wie etwa der wiegende Gang der Trinkkumpane oder die stilisierten „bumps and grinds" der Sirene.[248] Der junge Choreograph George Balanchine hat nach dem klassisch-puristischen *Apollo* mit dem *Verlorenen Sohn* ein zweckdienlich strukturiertes, spärliches und doch tiefschürfendes Drama kreiert, das einerseits Diaghilew in seiner Wahl des Ballettmeisters fulminant bestätigte und andererseits Serge Lifar als Tänzer der Titelrolle die Möglichkeit gab, sein besonderes Talent zu zeigen. Doch auch Felia Dubrowskas mysteriös-sinnliche Darstellung der Sirene habe, so Gruen, mittlerweile Legendenstatus erreicht.[249]

> The [...] choreography made ingenious borrowings from gymnastics, night club 'adagio' dancing, and clown acts, as indeed [Balanchine] and others of the avant-garde had already done in Russia in the early 1920s. Nor was the *Prodigal* the first Diaghilev ballet to tap these sources. Nevertheless, this aspect of the piece, appearing particularly outrageous, perhaps, in a serious context, stirred indignation in some observers [...].[250]

Die meisten zeitgenössischen Kritiker sahen den *Verlorenen Sohn* als typisches Werk der trendigen Ballettkompanie Diaghilews, insbesondere aber Lifars Verkörperung der Hauptfigur wurde von den Rezensenten hochgelobt[251], die choreographische Umsetzung dagegen mitunter heftig kritisiert. Auch das Publikum war nicht ausschließlich begeistert, es wurde ebenso gebuht und gelacht. So war im *Daily Sketch* vom 3. Juli 1929 zu lesen: „At last, we learned the meaning of 'riotous living,', for the Prodigal [...] enjoyed orgies that made the wildest of cocktail parties seem tame." Ballerina Lydia Lopokowa bemerkte in *The Nation and Athenaeum* vom 6. Juli 1929: „What would the old ballerinas have said to anyone who

---

[248] Vgl. Fleming: The Prodigal Son, S. 1151.

[249] Vgl. Gruen: The World's Great Ballets, S. 91.

[250] Hunt: George Balanchine's *Prodigal Son*, S. 130.

[251] Vgl. Cohen: The Prodigal Son, S. 51.

asked them to do with their bodies the things [Felia Dubrowska as the Siren] has to do!"[252] Besonders kritisch äußerte sich der russische Fürst Sergej Wolkonski über die Schlussepisode des Balletts:

> In den Lumpen, stolpernd, schleppend, kehrt er an die Schwelle seines Elternhauses zurück [...]. Die ganze Szene war ein Crescendo der Kraftlosigkeit und endete in völliger Erschöpfung. Und vor diesem tiefen Bild der Reue und des Verzeihens möchte man Balanchine fragen – warum in die Folgerichtigkeit der Körperplacierungen solche Bewegungen und solche Körperhaltungen hineinbringen, die die innere geistige Bewegung des mimischen Moments durchkreuzen und zerstören? Warum dieses Rollen, dieses Kauern! Und diese Purzelbäume? Bei einem erschöpften Menschen versagen doch zuerst die Beine, und der Ballettmeister erzwingt die Ausführung der für einen geschwächten Menschen schwersten Bewegung – die Beine emporzustrecken? Hier tritt das in den letzten Aufführungen immer mehr gefestigte Streben zu etwas 'Groteskem' hervor, das in seinem Wesen nicht komisch ist, sondern das Gegenteil. Das Hochstrecken der Beine, die Kriecherei auf dem Boden [...]. Das absichtliche Fallen wird zu einem Element der leichtesten der lebendigen Künste [...].[253]

Der Balanchine-Kenner B. Tiper schließt sich diesem Tenor an, wenn er abstrahierend feststellt, Balanchine habe eine symbolische, expressionistische Choreographie geschaffen, deren Poetisches „eher eine Poesie der Groteske" gewesen sei, „angereichert mit gymnastischen Zirkusvorstellungen und Akrobatik"[254]. Noch schärfer äußerte sich der Maler Konstantin Somow: „Dieses biblische Theaterspiel hat mir überhaupt nicht gefallen. [...] Das ist kein Ballett, keine richtige Akrobatik, aber auch kein richtiger Veits-

---

[252] Zitiert nach Hunt: George Balanchine's *Prodigal Son*, S. 128.
[253] Zitiert nach Kossatschowa: Die frühen Ballette (1914-1930), S. 197f.
[254] Tiper, B.: George Balanchine, New York 1973, S. 117.

tanz".[255] Zu Prokofjews Musik merkte die Presse in ganz anderem Ton überrascht an, dass diese durch die für den Komponisten charakteristische brisante Rhythmik hindurch „eine vollkommen unerwartete Gefühlswärme und Schlichtheit, ja fast Einfachheit atme" – die letzte Ballettproduktion Diaghilews verlieh damit dem strahlend-mondänen Glanz der *Ballets Russes* eine neuartige emotionale Nuance. Zugleich wird aus den kritischen Beschreibungen aber auch der ästhetische Gegensatz ersichtlich, in welchen Prokofjews romantische Musik und „ihre antiromantische Behandlung durch Balanchine traten".[256]

Während die beteiligten Künstler nach der Erstaufführung ausgelassen ihren Erfolg feierten, gerieten Prokofjew und Balanchine in einen Dauerstreit, der sich von anfänglich künstlerischen Differenzen zu einem „hässlichen, privaten Eklat" auswuchs.[257] Balanchine berichtet:

> Als Prokofjew einmal zu einer Probe kam, fing er an zu brüllen, es sei alles ganz schrecklich, er sei überhaupt nicht einverstanden. Nun, Prokofjew hat überhaupt nichts vom Tanz verstanden. Er machte sich auch über die Arbeit des Choreographen keine Gedanken. [...] Als er die Musik zum 'Verlorenen Sohn' komponierte, hatte er wohl den Wunsch nach einer realistischen Ausstattung gehabt: bärtige Männer sollten herumsitzen und aus echten Kelchen echten Wein trinken, die Tänzer und Tänzerinnen sollten 'historisch authentische' Gewänder tragen. Kurz gesagt, Prokofjew stellte sich sein Ballett wohl so ähnlich vor wie eine 'Rigoletto'-Inszenierung. Da musste er ja von meiner Choreographie entsetzt gewesen sein. Er hasste, was ich seiner Musik angetan hatte.[258]

---

[255]   Zitiert nach Kossatschowa: Die frühen Ballette (1914-1930), S. 198.

[256]   Vgl. Biesold: Sergej Prokofjew, S. 139 sowie Kossatschowa: Die frühen Ballette (1914-1930), S. 198.

[257]   Vgl. Biesold: Sergej Prokofjew, S. 139.

[258]   Balanchine, George: Schlaflose Nächte mit Tschaikowsky. Weinheim/Berlin 1994, S. 180f.

Hinzu kam für Balanchine noch ein finanzielles Problem: Nicht wie Librettisten und Komponisten der französischen Autorenvereinigung angehörig, hatten Choreographen keinerlei Anrecht auf geregelte Gagen und waren daher auf die Großzügigkeit der Librettisten oder Komponisten angewiesen. Da Diaghilews Geldnöte schon beinahe sprichwörtlich waren, schien ihn anzusprechen aussichtslos; von ihm erhielten die Choreographen nicht selten lediglich Pfennigbeträge. So trat Balanchine zunächst an Kochno heran, der ihn jedoch sogleich entschuldigend weiter an Prokofjew verwies, denn er selbst würde auch nur zu einem Drittel am Gewinn beteiligt. Der Komponist hatte für den finanziell bedrängten Balanchine jedoch absolut nichts übrig und beschimpfte den Choreographen anstatt höflicher Ausflüchte mit den verletzenden Worten:[259] „Der 'Verlorene Sohn' ist schließlich mein Werk! Warum sollte ich Sie bezahlen! Wer sind Sie überhaupt! Verlassen Sie den Raum! Von mir werden Sie bestimmt nichts bekommen!"[260]

4   Konklusion

In den vorangegangenen Kapiteln wurde der Adaption biblischer Erzählungen in den *Ballets Russes* entlang einzelner Aspekte wie der Typologie der beiden in den Blick genommenen Ballette, deren Form und Inhalt sowie der musikalischen und tänzerischen Umsetzung nachgespürt, wobei der Begriff der Pantomime bzw. der mimischen Darstellung jeweils den analytischen Schlüssel zum Verständnis darstellte: Besonders die ausdrücklich als Ballettpantomime deklarierte *Josephslegende* von 1914 machte sich die gestisch-mimisch-pantomimische Bewegungssprache zu eigen, um die Geschichte Josephs bei Potiphar und die Verführung durch dessen Frau zu verbildlichen, doch auch im *Verlorenen Sohn* von 1929 bedienten sich die Tänzerinnen und Tänzer dieses Darstellungs-

---

[259]   Vgl. Biesold: Sergej Prokofjew, S. 139f.
[260]   Vgl. Balanchine: Schlaflose Nächte mit Tschaikowsky, S. 180f.

vokabulars zur szenischen Gestaltung der biblischen Parabel dessen, der sein Vaterhaus verließ, in der Fremde all sein Geld durchbrachte und schließlich reumütig heimkehrte. Für die *Ballets Russes*, die wie keine andere zeitgenössische Kompanie in ganz Europa für ihren choreographischen Wagemut, ihre tänzerische Präzision und Frische gefeiert wurden, waren beide Stücke zwar Publikumserfolge, verschwanden aber beide vom Spielplan: Die Bühnenkarriere des *Verlorenen Sohns* wurde durch den plötzlichen Tod des Impresarios Serge Diaghilew unterbrochen und erst viele Jahre später von Balanchine selbst fortgesetzt[261]; die internationale Verbreitung der *Josephslegende* wurde nicht nur durch den Ausbruch des Ersten Weltkrieges verhindert, sondern auch durch ihr konzeptuelles Übergewicht.

Die im Entstehungsprozess der Josephslegende häufig wechselnden Titel und Untertitel – Handlung, Legende, Mysterium, Musikdrama ohne Worte – informierten zwar über die fachliche Herkunft ihrer Autoren, nicht aber über das Ballett an sich. So bestand neben dem Bildcharakter der *Josephslegende* von vornherein am ehesten Verwandtschaft mit der Gattung der Pantomime. Genau in diesem Punkt lag die Fehlkonzeption der ambitionierten Autoren: Gemäß der allgemein bestehenden Vorliebe für den Rückgriff auf die Renaissance wählte man ein Gemälde Veroneses als Ausgangspunkt, doch überlagerte diese bildliche Ebene diejenige der biblischen Geschichte. Die Figuren und der Konflikt aus Genesis 39 wurden zwar „mit Akzentverschiebungen übernommen", sind „jedoch nicht wirklich Thema des Balletts".[262] Mittelpunkt des Interesses war aber vielmehr die Sichtweise des beginnenden 20. Jahrhunderts auf die Renaissance sowie die „psychologische Umdeutung biblischer Archetypen in eben diesem Geiste"[263].

---

[261]   Vgl. Manning, Susan: Balanchine: Le Fils prodigue, in: Pipers Enzyklopädie des Musiktheaters, Bd. 1 (1986), S. 146.

[262]   Vgl. Oberzaucher-Schüller: Rückwärtsgewandte Spiegelungen, S. 27-31.

[263]   Schmid, Gisela Bärbel: Psychologische Umdeutung biblischer Archetypen im Geiste des Fin de Siècle. Zur Entstehung der 'Josephs Legende', in:

Die wirkliche Schwachstelle der *Josephslegende* liegt im Choreographieverständnis der Autoren, die die „künstlerischen Gegebenheiten eines Balletts" verkannten, indem sie annahmen, „mit dem literarischen und musikalischen Text den choreographischen Text gleichsam mitliefern zu können" und dabei völlig ignorierten, „dass Ballettlibretto und Musik nur Ausgangspunkt für den Choreographen" sind, für denjenigen also, der in einem schöpferischen Prozess Bewegung auf der Bühne realisiert. Die *Josephslegende* entstand demnach ohne den Choreographen als eigentlichem Autor des Bühnenwerks – ein Defizit, das keinem der drei übrigen Autoren bewusst war.[264]

Das Problem des Werkes ist seine stark auf Symbole ausgerichtete Konzeption, die die ohnehin spärliche Handlung hemmt und „die Tendenz zum Statischen präformiert". So wird die szenische Darstellung von festlichem Ritual und expressiver Pantomime beherrscht. Zwar gerieten die Vorkriegsaufführungen in Paris und London zu enormen Publikumserfolgen, das Stück selbst jedoch konnte sich keinen dauerhaften Platz im Repertoire erobern. Gebührend hervorgehoben wurden lediglich die Protagonisten und die Ausstattung, Massine wurde als neue Entdeckung Diaghilews gefeiert, Bühnenbild und Kostüme gleichermaßen bestaunt. Der Grund für den Misserfolg der *Josephslegende* war indessen nicht etwa Fokines szenische Umsetzung des Stoffes, sondern die Kollision zweier Balletttraditionen, die wenig miteinander gemein hatten: Das russische Ballett war, ausgehend von Marius Petipa, über Fokine und Nijinsky einen eigenen Weg gegangen, während sich in der mitteleuropäischen Tradition „als Gegenbewegung zum Opernballett, das schon lange als abgeschmackt und altmodisch galt", die „theatralische Form der Pantomime entwickelt" hatte. Die *Josephslegende* war als (Ballett-) Pantomime angelegt, die auch wegen der Musik Strauss' in Mitteleuropa zum Standardwerk ge-

---

264   Hofmannsthal-Blätter 35/36 (1987), S. 105.
       Vgl. Oberzaucher-Schüller: Rückwärtsgewandte Spiegelungen, S. 31.

rierte, aus dem Repertoire der *Ballets Russes* jedoch folgerichtig verschwand.[265]

Die Urfassung der *Josephslegende* von 1914 krankte wie auch die zahlreichen Nachfolgeversionen[266] vor allem aber an der „unzureichenden Ausschöpfung der biblischen Vorlage, um nicht zu sagen: [an] ihrem Missverständnis". So unterschiedlich die verschiedenen Libretti des Balletts auch sein mögen, alle sehen die zentrale Aussage des thematisierten Ausschnitts aus der alttestamentlichen Josephserzählung „in der Entgegensetzung der Lüsternheit und Laszivität von Potiphars Frau und der moralischen Widerstandskraft, ja Reinheit des keuschen Joseph". Das Geschehen wird also „auf eine banale Verführungsszene" reduziert. Choreographen und Ausstatter spielten die schwüle, orientalische Sinnenlust und Dekadenz gegen Josephs Seelenreinheit aus, „sehr im Unterschied zur biblischen Josephsgeschichte". Die eigentliche Qualität des Hirtenjungen ist nämlich keineswegs seine Tugendhaftigkeit oder gar seine Keuschheit (die sich im biblischen Text nicht wörtlich findet), sondern die Tatsache, dass Gottes Gunst auf ihm ruht. Auch weist er die Avancen seiner Herrin nicht etwa zurück, weil er unsinnlich wäre, „sondern aus Redlichkeit und Anstand seinem Herrn gegenüber, ein Verhalten freilich, das sich aus seiner Bindung an Gott erklärt". Der schöpfungstheologische Aspekt würde missachtet, spielte man „das Natürliche in Joseph zugunsten des Geistig-Ethischen" aus. Überhaupt wurde das an dieser alttestamentlichen Überlieferung Wesentliche oft verkannt: „ihre Aufgeschlossenheit für das Menschliche, für Leidenschaft und Schuld, für Sorge, Liebe, Ehre und Rechtschaffenheit", auf der anderen Seite „der Zusammenhang mit der geistigen Dimension". Nicht nur der Komponist Strauss, auch die Librettisten Kessler und Hofmannsthal erlagen diesem Missverständnis und verfehlten den

---

[265]   Vgl. Schüller: La Légende de Joseph, S. 253f.

[266]   Ebda., S. 254.

Grundkonflikt der überlieferten Geschichte, indem sie sie als „Gegensatz und Kampf zwischen zwei Welten" auffassten.[267]

Die Konzeption des *Verlorenen Sohnes* dagegen muss sich nicht dem Vorwurf aussetzen, die biblische Vorlage missverstanden zu haben: Sowohl Text und Ausstattung als auch Musik und Choreographie werden ihr in vollem Maße gerecht. Obgleich der Inhalt des 2. Bildes bei Lukas lediglich zwischen den Zeilen zu finden ist (Lk 15,13: 'Dort führte er ein zügelloses Leben und verschleuderte sein Vermögen.''), die Autoren des Balletts auf die Schweinehirt-Episode verzichteten und den eifersüchtigen Bruder durch zwei Schwestern ersetzten, ist das Szenarium durchweg schlüssig und trifft genau den Kern der Parabel – der verlorene Sohn erhält trotz seiner Verfehlungen den väterlichen Segen oder, im übertragenen Sinne: Gott wendet sich auch den Sündern zu und verzeiht ihnen. Der Bedeutungsgehalt um jugendliche Rebellion und Ausschweifung, um Reue und Vergebung bildet ein dankbares und stets aktuelles Sujet auch und vor allem für das (Tanz-)Theater.

Die dualistische Situation scheint von der Alltagserfahrung zu weit entfernt, um in einer anderen Form als der Melodramatischen das Publikum anzusprechen: Auf der einen Seite steht das Häusliche, das zum Preis des Sich-Beugens vor dem eisernen Willen eines dominanten Vaters Sicherheit bietet; auf der anderen Seite steht die mitunter zugleich schreckliche und zerstörerische Welt des Wissens.[268] Balanchines Choreographie vermochte genau diesen inneren Konflikt des verlorenen Sohnes in exakt dosierte dramatische Gesten und tänzerische Elemente zu übertragen, die vor dem wechselnden, zurückgenommenen Bühnenbild – anders als in der statisch-prunkvoll geratenen *Josephslegende* – dynamisch dem Erzählfluss folgten und so zu einem runden Gesamtbild beitrugen. Nicht zuletzt unterstrich Prokofjews expressive Ballett-

---

[267]   Vgl. Scheier: Der biblische Joseph, S. 154-156.
[268]   Vgl. Fleming: The Prodigal Son, S. 1151.

musik „die im Tanz ausgedrückten Emotionen auf geradezu plastische Weise"[269].

Frappierend ist neben den gestisch-mimischen Elementen in beiden Balletten vor allem die Paralelle im Solotanz des verlorenen Sohnes zu dem Josephs: Beide Tänze sind von hohen Sprüngen in alle vier Himmelsrichtungen bzw. Bühnenecken gekennzeichnet: Soll bei Joseph dadurch noch dessen inneres Suchen nach Gott ausgedrückt werden, symbolisieren die Sprünge beim verlorenen Sohn das Streben in die Ferne, die Aufbruchsstimmung; auch die Ballettmusiken weisen in ihrer Verwendung von Leitmotiven eine strukturelle Gemeinsamkeit auf.

Aller zum Teil herabstufenden Kritiken zum Trotz waren beide Werke große Publikumserfolge, die für die ungebrochene Aktualität biblischer Lehren sprechen, die generell zu Beginn des 20. Jahrhunderts in Mode waren, und die Frage aufwerfen, warum unter den insgesamt 72 Produktionen der *Ballets Russes* lediglich diese zwei Werke nach Texten aus der Bibel entstanden sind, während antike Sujets einen weit größeren Raum innerhalb des Repertoires einnehmen. Unterschätzte man die Bibelkenntnis des Publikums? Sorgte man sich um die moralische Strenge, die hinter manchen biblischen Sujets und im Widerspruch zur sexualisierten Theaterästhetik der Zeit stand? Diese Fragen werden wohl für immer unbeantwortet bleiben – die bis heute währende Rezeptionsgeschichte, die vielen Neuauflagen sowohl der *Josephslegende* als auch des *Verlorenen Sohnes* beweisen die anhaltende Gültigkeit ihres Inhalts ebenso wie diejenige der Choreographien Fokines und Balanchines als Meilensteine der Ballettgeschichte, auf die noch immer rekurriert wird.

---

[269]   Kieser/Schneider: Reclams Ballettführer, S. 501.

Anhang: Notenbeispiele

Notenbeispiel 1

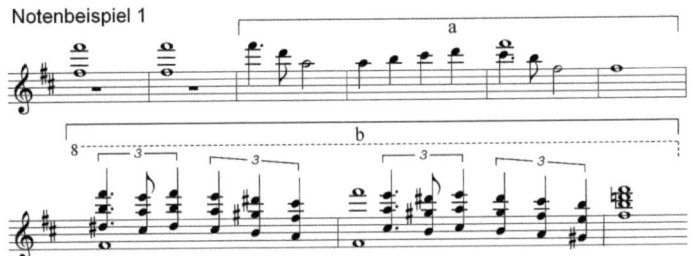

(Vgl. Specht: Richard Strauss und sein Werk, S. 42, Nr. 10.)

Notenbeispiel 2

(Vgl. Tiessen: Josephs Legende von Richard Strauss, S. 24f., Nr. 43
sowie Strauss: Josephs Legende, S. 92-99.)

Notenbeispiel 3

(Vgl. Specht: Richard Strauss und sein Werk, S. 41, Nr. 2
sowie Strauss: Josephs Legende, S. 78f.)

Notenbeispiel 4

(Vgl. Specht: Richard Strauss und sein Werk, S. 43, Nr. 21
sowie Strauss: Josephs Legende, S. 142-144.)

Notenbeispiel 5

(Vgl. Tiessen: Josephs Legende von Richard Strauss, S. 23, Nr. 42
sowie Strauss: Josephs Legende, S. 182.)

Notenbeispiel 6

(Vgl. Specht: Richard Strauss und sein Werk, S. 43, Nr. 33.)

Notenbeispiel 7

(Vgl. Specht: Richard Strauss und sein Werk, S. 43, Nr. 34.)

Notenbeispiel 8

(Vgl. Prokofjew: Le pas d'acier - L'enfant prodigue - Sur le Borysthène, S. 57.)

Notenbeispiel 9

(Vgl. Prokofjew: Le pas d'acier - L'enfant prodigue - Sur le Borysthène, S. 64.)

Notenbeispiel 10

(Vgl. Prokofjew: Le pas d'acier - L'enfant prodigue - Sur le Borysthène, S. 71.)

106

Notenbeispiel 11

usw.

(Vgl. Prokofjew: Le pas d'acier - L'enfant prodigue - Sur le Borysthène, S. 94.)

Literaturverzeichnis

Primärliteratur

Die Bibel. Einheitsübersetzung der Heiligen Schrift, Stuttgart 1999.

Hofmannsthal, Hugo von/Graf Kessler, Harry: Briefwechsel 1898-1929, hrsg. von Hilde Burger, Frankfurt a. M. 1968.

Kessler, Harry Graf/Hofmannsthal, Hugo von: Josephs Legende, Paris 1914.

Puschkin, Alexander S.: Der Postmeister. Novellen, Klagenfurt o. J.

Strauss, Richard/Hofmannsthal, Hugo von: Briefwechsel. Gesamtausgabe, hrsg. von Willi Schuh, Zürich 1964.

Monographien

Balanchine, George: Schlaflose Nächte mit Tschaikowsky. Weinheim/Berlin 1994.

Balcar, Alexander J.: Knaurs Ballett Lexikon, München 1958.

Barzantny, Tamara: Harry Graf Kessler und das Theater. Autor, Mäzen, Initiator 1900-1933, Köln 2002.

Beaumont, Cyril W.: Complete Book of Ballets. A Guide to the Principal Ballets of Nineteenth and Twentieth Centuries, London 1937.

Beaumont, Cyril W.: Michel Fokine and his Ballets, New York 1981.

Biesold, Maria: Sergej Prokofjew – Komponist im Schatten Stalins. Eine Biographie, Berlin 1996.

Bollmann, Hans: Untersuchungen zur Kunstgattung Pantomime. Dissertation, Hamburg 1968.

Bovon, François: Das Evangelium nach Lukas. Lk 15, 1 – 19, 27, Düsseldorf 2001 (=Evangelisch-Katholischer Kommentar zum Neuen Testament, III/3).

Braegger, Carlpeter: Das Visuelle und das Plastische. Hugo von Hofmannsthal und die bildende Kunst, Bern 1979.

Brandstetter, Gabriele: Tanz-Lektüren. Körperbilder und Raumfiguren der Avantgarde, Frankfurt a. M. 1995.

Burian, K. V.: The Story of World Ballet, London 1963.

Chapon, François: Œuvre gravé. Rouault, Monaco 1978.

Christout, Marie-Françoise: Histoire du ballet, Paris 1966.

Chujoy, Anatole/Manchester, P. W. (Hrsg.): The Dance Encyclopedia, New York 1967.

Dahms, Sibylle (Hrsg.): Tanz, Kassel 2001.

Deppisch, Walter: Richard Strauss in Selbstzeunissen und Bilddokumenten, Reinbek 1968.

Garis, Robert: Following Balanchine, New Haven 1995.

Gohr, Siegfried (Hrsg.): Georges Rouault. Ausstellungeskatalog Josef-Haubrich-Kunsthalle, Köln 1983.

Gregor, Joseph: Kulturgeschichte des Balletts. Seine Gestaltung und Wirksamkeit in der Geschichte und unter den Künsten, Wien 1944.

Gruen, John: The World's Great Ballets. La Fille Mal Gardée to Davidsbündlertänze, New York 1981.

Gysi, Fritz: Richard Strauss, Potsdam 1934.

Huschka, Sabine: Moderner Tanz. Konzepte – Stile – Utopien, Reinbek 2002.

Ingles, Elisabeth: Bakst. The Art of Theatre and Dance, London 2000.

Jacob, Benno: Das Buch Genesis, Stuttgart 2000.

Kieser, Klaus/Schneider, Katja: Reclams Ballettführer, Stuttgart 2002.

Koch, Gabriele: Spiritualität in Bewegung. Tanz als Gestalt religiösen Lebens, Viersen 2002.

Kochno, Boris: Diaghilev and the Ballets Russes, New York 1970.

Kodicek, Ann (Hrsg): Diaghilev – Creator of the Ballets Russes. Art – Music – Dance, London 1996.

Koegler, Horst: Balanchine. Interview, Hamburg 1964 (=Die Tanzarchiv-Reihe, Bd. 1).

Koegler, Horst: Ballett international. Versuch einer Bestandsaufnahme, Berlin 1960.

Koegler, Horst: Kleines Wörterbuch des Tanzes, Stuttgart 1999.

Kralik, Heinrich: Richard Strauss. Weltbürger der Musik, Wien 1963.

Krause, Ernst: Richard Strauss. Der letzte Romantiker, München 1963.

Leeker: Mime, Mimesis und Technologie, München 1995.

Liechtenhan, Rudolf: Vom Tanz zum Ballett. Eine illustrierte Geschichte des Tanzens von den Anfängen bis zur Gegenwart, Stuttgart 1983.

Lieven, Peter Prince: The Birth of the Ballets-Russes, New York 1973.

Lifar, Serge: Serge de Diaghilev. Sa vie – Son œuvre – Sa légende, Monaco 1954.

Lux, Rüdiger: Josef. Der Auserwählte unter seinen Brüdern, Leipzig 2001.

Massine, Leonide: My Life in Ballet, London 1968.

Michel, Marcelle/Ginot, Isabelle: La Danse au XXe siècle, Évreux 1995.

Mille, Agnes de: The Book of the Dance, London 1963.

Mueller von Asow, Erich H.: Richard Strauss. Thematisches Verzeichnis, 3 Bde., Bd. 2: Opus 60-86, Wien 1962, S. 624-649.

Nestyev, Israel V.: Prokofiev, Stanford 1960.

Pedrocco, Filippo: Veronese, Florenz 1998.

Perruchot, Henri: Von Gauguin bis Rouault. Schicksale berühmter Künstler, Düsseldorf 1963.

Pfister, Kurt: Richard Strauss. Weg/Gestalt/Denkmal, Vaduz o. J.

Posselle, Laurence (Hrsg): Les Noces de Cana de Véronèse. Une œuvre et sa restauration, Paris 1993.

Rebling, Eberhard: Ballett von A bis Z, Wilhelmshaven 1970.

Reyna, Ferdinand: Dictionnaire des Ballets, Paris 1967.

Samuel, Claude: Prokofiev, Paris 1980.

Sawkina, Natalja Pawlowna: Sergej Sergejewitsch Prokofjew, Berlin 1984.

Schouvaloff, Alexander: Léon Bakst, Paris 1991.

Schroedter, Stephanie: Vom „Affect" zur „Action". Quellenstudien zur Poetik der Tanzkunst vom späten Ballet de Cour bis zum frühen Ballet en Action, Würzburg 2004.

Schweizer, Eduard: Das Evangelium nach Lukas, Göttingen 1982 (Das Neue Testament Deutsch, Teilband 3).

Schweizer, Harald: Joseph. Urfassung der alttestamentlichen Erzählung (Genesis 37-50), Tübingen 1993.

Seidel, Martin: Venezianische Malerei zur Zeit der Gegenreformation. Kirchliche Programmschriften und künstlerische Bildkonzepte bei Tizian, Tintoretto, Veronese und Palme il Giovane. Dissertation, Bonn 1996 (=Bonner Studien zur Kunstgeschichte, Bd. 11).

Soggin, J. Alberto: Das Buch Genesis. Kommentar, Darmstadt 1997.

Specht, Richard: Richard Strauss und sein Werk, 2 Bde., Bd. 2: Der Vokalkomponist. Der Dramatiker, Leipzig 1921.

Spencer, Charles: Leon Bakst, London 1973.

Spengler, Franz: Der Verlorne Sohn im Drama des 16. Jahrhunderts, Innsbruck 1888.

Streller, Friedbert: Sergej Prokofjew und seine Zeit, Laaber 2003.

Tiessen, Heinz: Josephs Legende von Richard Strauss. Ein Führer durch das Werk, Paris 1914.

Tiper, B.: George Balanchine, New York 1973.

Trenner, Franz: Richard Strauss. Dokumente seines Lebens und Schaffens, München 1954.

Ville de Strasbourg (Hrsg.): Les Ballets Russes de Serge de Diaghilev 1909-1929, Straßburg 1969.

Voß, Rudolph: Der Tanz und seine Geschichte. Eine kulturhistorisch-choreographische Studie, Erfurt 1868.

Wenham, Gordon J.: Genesis 16-50, Dallas 1994 (=Word Biblical Commentary, Bd. 2).

Wiefel, Wolfgang: Das Evangelium nach Lukas, Berlin 1988 (=Theologischer Handkommentar zum Neuen Testament, 3).

Wilhelm, Kurt: Richard Strauss persönlich. Eine Bildbiographie, München 1984.

Beiträge aus Sammelbänden und Lexikonartikel

Brandstetter, Gabriele: Tanz-Avantgarde und Bäder-Kultur. Grenzüberschreitungen zwischen Freizeitwelt und Bewegungsbühne, in: Fischer-Lichte, Erika (Hrsg.): TheaterAvantgarde. Wahrnehmung – Körper – Sprache, Tübingen 1995, S. 123-155.

Fleming, Bruce: The Prodigal Son, in: Bremser, Martha et al. (Hrsg.): International Dictionary of Ballet, Bd. 2, Detroit 1993, S. 1151.

Kossatschowa, Rimma: Die frühen Ballette (1914-1930), in: Danuser, Hermann et al. (Hrsg.): Sergej Prokofjew 11. April 1891 – 5. März 1953. Beiträge, Dokumente, Interpretationen, Duisburg 1990, S. 186-199.

Kossatschowa, Rimma: Zum Ballettschaffen Prokojews, in: Danuser, Hermann et al. (Hrsg.): Sergej Prokofjew 11. April 1891 – 5. März 1953. Beiträge, Dokumente, Interpretationen, Duisburg 1990, S. 182-185.

Manning, Susan: Balanchine: Le Fils prodigue, in: Pipers Enzyklopädie des Musiktheaters, Bd. 1 (1986), S. 145f.

Raev, Ada: Zum choreographischen Ansatz in den Kostüm- entwürfen von Léon Bakst und seinen Folgen, in: Jeschke, Claudia et al. (Hrsg.):

Spiegelungen. Die Ballets Russes und die Künste, Berlin 1997, S. 54-81.

Scheier, Helmut: Der biblische Joseph – eine Ballettgestalt, in: Fünfte Hamburger Ballett-Tage (1979), S. 153-158.

Schroedter, Stephanie: Pantomime, in: Finscher, Ludwig (Hrsg.): Die Musik in Geschichte und Gegenwart, Bd. 7, Kassel 1997,Sp. 1332-1340.

Schüller, Gunhild: Fokin: La Légende de Joseph, in: Dahlhaus, Carl et al. (Hrsg.): Pipers Enzyklopädie des Musiktheaters. Oper, Operette, Musical, Ballett, 8 Bde., Bd. 2: Werke Donizetti – Henze, München 1987, S. 252-254.

Zeitschriftenaufsätze und Zeitungsartikel

Calvocoressi, Michel-Dimitry: Richard Strauss' *Legend of Joseph,* in: The Musical Times, 1. Mai 1914, S. 300f.

Cohen, Selma Jeanne: The Prodigal Son, in: Manor, Giora (Hrsg.): The Bible in Dance = Choreography and Dance. An International Journal, Bd. 2, Teil 3 (1992), S. 49-56.

Goldman, Debra: Mothers and Fathers. A View of Isadora and Fokine, in: Ballet Review 6/4 (1977/78), S. 33-43.

Harris, Dale: The Fokine Legacy. An appraisal of the influential choreographer's art on the centenary of his birth, in: Ballet News Bd. 2, Nr. 3 (1980), S. 28-31.

Hunt, Marilyn: George Balanchine's *Prodigal Son*, in: Dance Magazine, Mai 1981, S. 128-131.

Manor, Giora: The Bible as Dance, in: Dance Magazine, Dezember 1978, S. 56.

Nelson, Karen: Briging Fokine to Light, in: Dance Research Journal 16/2 (1984), S. 3-12.

Oberzaucher-Schüller, Gunhild: Rückwärtsgewandte Spiegelungen. Zur *Josephs Legende,* in: Richard Strauss Blätter 45, Neue Folge (2001), S. 24-41.

Poesio, Giannandrea: Balletic Mime, in: Dancing Times 80/957 (1990), S. 895-899.

Rock, Judith: Baroque Ballet, the Bible and the Jesuit Stage, in: Manor, Giora (Hrsg.): The Bible in Dance = Choreography and Dance. An International Journal, Bd. 2, Teil 3 (1992), S. 39-48.

Scheier, Helmut: Old Testament Materials for Ballet and Modern Dance, in: Manor (Hrsg.): The Bible in Dance = Choreography and Dance. An International Journal, Bd. 2, Teil 3 (1992), S. 19-26.

Schmid, Gisela Bärbel: Psychologische Umdeutung biblischer Arche-typen im Geiste des Fin de Siècle. Zur Entstehung der 'Josephs Legende', in: Hofmannsthal-Blätter 35/36 (1987), S. 105.

Schmitz, Eugen: Die *Josephslegende* von Richard Strauss, in: Hochland, 11 (1914).

Strech, Marlies: Wenig Pomp, viel Tanz. Heinz Spoerli regeneriert in Zürich seine *Josephslegende*, in: Tanzjournal 03/3 (2003), S. 42f.

Notenausgaben

Prokofjew, Sergej: Le pas d'acier – L'enfant prodigue – Sur le Borysthène. Ballets en un acte. Klavierauszug, Moskau 1971.

Strauss, Richard: Josephs Legende. Handlung in einem Aufzuge von Harry Graf Kessler und Hugo von Hofmannsthal, Op. 63. Studien-partitur, Wien 1996.

Internet

http://www.theaterwissenschaft.unibe.ch/aktuelles/
    tanzwissenschaft.html

http://www.cndp.fr/balletrusse/thema/the_chore.htm#ballet

http://www.cndp.fr/balletrusse/pedago/filsprodigues.htm

http://www.cndp.fr/balletrusse/portraits/rouault.htm

http://www.cndp.fr/balletrusse/pedago/filsprodigues.htm#musik

(Stand: 15.01.2006)